추천사

사랑하는 정종돈 목사님의 「빛과 소금으로 살다」 출간을 온 마음 다하여 축하드립니다. 말씀이 삶이 되신 사랑의 고백이 가슴을 울립니다. 주님의 십자가 부활 증인의 서재, 목회실을 "황홀한 감옥"이라 하시니 동감합니다. 이 책에 가득히 담겨 있는 '주님의 교회인 성도를 향한 가슴 뛰는 사랑의 고백'을 모든 이와 함께 나누고 싶습니다. 이 책을 읽는 이들마다 "천천히 살자, 열심히 살자, 감사하며 살자, 빛과 소금으로 살자" 그리고 십자가의 교회라는 병원에서 날마다 주님과 함께 죽고 오늘 주님과 함께 다시 사는 부활 약속으로 빛나고 맛난 삶 살아내기를 소망하며 기도드립니다.

_ 장현승 목사 (과천소망교회 담임, 한국NCD교회개발원 운영이사)

「빛과 소금으로 살다」는 정종돈 목사님께서 삶의 여러 순간 깨달은 생각들을 담담히 적어 내려간 글귀들입니다. 이 글들을 하나하나 읽어 내려가면서 '인생은 내 목표대로 사는 것이 아니라 나를 통해 하나님의 뜻이 이뤄지는 여정'인 것을 깨닫게 됩니다. 그래서인지 다른 이의 이야기이지만 순간순간 내 이야기구나 싶었습니다. 또한 이 책은 신앙의 순례길 속에서 누구나 느꼈을 안타까움과 답답함, 그러함에도 살게 하시는 은혜를 발견하게 합니다.

_ 정명호 목사 (혜성교회 담임, 한국NCD교회개발원 운영이사장)

이 책은 오늘의 "빛과 소금교회"가 어떻게 '빛고을 광주'의 대표 교회, 건강한 교회로 세워졌는지 조금이나마 엿볼 수 있는 좋은 책입니다. '주를 향한 충성과 영혼 사랑의 마음으로 차곡차곡 쓰신 글들은 읽는 내내 편안한 미소를 주면서도 혼신의 목회, 치열하게 관통하신 삶의 '험산 준령'이 그대로 담겨 있어 때로는 눈시울이 뜨거워졌습니다. 부담 없이 잘 읽히면서도 얼른 다 읽고 싶지는 않은 … 오랜만에 독서의 기쁨을 누렸습니다.
_ 공민상 목사 (서울만나교회 담임, 한국NCD교회개발원 운영이사)

이 책에는 '목회란 무엇인가?'의 답이 가득히 쓰여 있습니다. 기쁨과 슬픔, 감격과 후회, 감동과 아쉬움이 가득 담겨있는 「빛과 소금으로 살다」는 모든 목회자와 성도가 공감할 수 있는 이야기입니다. 저자인 정종돈 목사님의 32년 목회 이야기를 매주 주보 한쪽에 실었던 글들을 모아 한 권의 책으로 낸다는 것이 너무도 부족하고 아쉬운 마음뿐입니다. 그럼에도 불구하고 절대 쉽지 않은 과정을 거쳐 독자들에게 내어놓았다. 눈물로 읽을 수밖에 없는, 미소를 머금게 되는, '아, 그렇구나!' 하는 감탄사가 절로 나오는, 가슴이 먹먹해지는, 감사가 넘쳐나는 빛과 소금교회의 이야기는 바로 진솔한 한국교회의 이야기입니다.
_ 김한수 목사 (한국NCD교회개발원 대표)

빛과 소금으로 살다

빛과 소금으로 살다

초판 1쇄 발행 2024년 1월 15일

지은이　　정종돈
펴낸이　　김한수
출판국장　박민선
편집　　　강수민
표지디자인 김주연

펴낸곳　　한국NCD미디어
등　록　　과천 제2016-000009호
주　소　　경기도 과천시 문원청계2길50 로고스센터 206호
전　화　　02-3012-0520
이메일　　ncdkorea@hanmail.net
홈주소　　www.ncdkorea.net

ISBN 979-11-91609-33-2 03230

copyright©한국NCD미디어 2024
Printed in Seoul, Korea

* 이 책은 한국NCD미디어가 저작권 계약에 따라 발행한 것이므로 본사의 협의없는 무단전재와 무단복제를 엄격히 금합니다.
* 잘못 만들어진 책은 구입처에서 교환해드립니다.

값 24,000원

건강한 교회로 살아 온 빛과 소금교회 이야기

빛과 소금으로 살다
Live as Light and Salt

지은이: 정종돈

한국 NCD미디어

List

추천사

Prologue

Part 1 _ 새해인사   p9

Part 2 _ 하나님과 함께 내 인생을 펼치십시오   p39

Part 3 _ 다시금 우리   p71

Part 4 _ 하나님이 찾으시는 사람   p99

Part 5 _ Happy Home   p127

Part 6 _ 꽃들에게 희망을   p163

Part 7 _ 올리브 축제   p183

Part 8 _ Step Up   p223

Part 9 _ 거룩한 일꾼들   p237

Part 10 _ 10년 같이, 1년 같이   p271

Part 11 _ 고생 한번 해 봅시다   p293

Part 12 _ 열혈편지   p311

Part 13 _ 보이지 않으면 마음도 멀어진다. 드리는 예배   p353

Part 14 _ 여러분, 고맙습니다   p365

나에게 빛과 소금이란?   p379

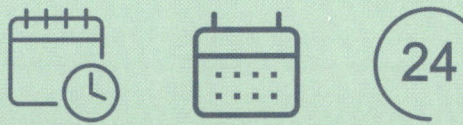

prologue

새벽 공기 _ 차다.
말씀묵상 _ 인도석에 앉는다.
머리가 아프다. _ 많이
대신 인도를 부탁했다. _ 응급실로
119를 타고 대학병원으로 갔다. _ 그 기억은 없다.
뇌출혈이었다. _ 수술하고 하루 지난 뒤 다시 뇌출혈이다.
두 번 뇌수술했다. _ 머리뼈를 드러냈다.
며칠 뒤 다시 뇌출혈이다. _ 약물 투여로 잡았다.
폐렴이 왔다. _ 인공 머리뼈를 넣는 수술을 했다.

사경을 헤매고 겨우 생명을 건져 재활병원에서 6개월을 있었다.
책이 준비되던 지난 7개월간의 이야기이다.

사망의 음침한 골짜기에서 거룩한 성도들의 기도로 살았다.
처음 뇌출혈 수술일이 2월 22일 _ 다시 태어났다.
하나님께 감사하다. _ 나를 살려 주신 하나님
외관상으로는 건재하다. _ 아직 몸놀림과 시각이 온전치는 못하다
그러나 감사, 감사하다.

지난 32년, 그저 할 수 있는 능력껏
교회를 세우는 데 열심이었다. _ 새벽부터 밤 10시까지
즐겁고 재미있게 최선을 다했다.
스스로 평하기를 서재는 황홀한 감옥이었다.

목회자로서 좋은 성도를 만난 것
하나님이 주신 축복이다.
좋은 장로님을 비롯해 때에 맞는 부교역자들,
시의적절하고 사역에 합당한 성도들을 만남으로
형통하게 목회해 왔다.

그 기록이 교회 주보 첫 페이지의 칼럼이다.
그동안 한 주도 거르지 않고 목회자로서
매주 목회 사역에 관한 나의 소회를 써 왔다.
32년의 족적이며 감사의 기록이다.

이 책을 나오도록 헌신해 주신 분들에게 한량없이 감사하다.
그리고 부족한 글을 읽어 주신
우리 여유와 평안 식구들에게도 무한 감사하다.
여러분 사랑합니다!

목회자로서 좋은 성도를 만난 것
하나님이 주신 축복이다

Part 1
새해인사

2001년 1월 7일

새해를 맞이하면서

1월 1일 0시 예배를 마치고 자리에 누울 때는 3시 30분 정도였습니다.
새해 첫날에는 꼭 해를 보아야 한다고 되뇌이며 잠이 들었습니다.
겨우 일어난 시간은 6시 50분경.
어젯밤, 오늘 아침 해 뜨는 시간을 인터넷에서 '광주 7시 41분'
이렇게 보고 잤습니다.
부랴부랴 서둘러 가까운 인근 임곡의 용진산에 나섰습니다.
출발시간 7시 09분.
새해 첫날부터 엄청나게 과속했습니다.
임곡 가는 길은 시속 80~100km.
산 밑 도착 7시 21분.
20분 만에 정상에 올라야 합니다.
평상시에는 30분 정도 오르는 산입니다.
무등산에서 7시 41분이라면 용진에서는 7시 45분쯤 되리라 하고
헉헉대며 빠른 걸음으로 거의 다 올라가는데 정상에서 함성이 납니다.
'아, 늦었구나…'
그럼에도 급피치를 내어 정상 턱(해를 처음 볼 수 있는 자리)에 오르자
무등산에 둥글고 벌건 해가
마지막 아랫부분 원형을 걷어내고 있었습니다.

아직은 눈부시지 않는 새해의 새 해를 그렇게 본 것입니다.
바위에 걸터앉아 새해의 기원을 했습니다.

'천천히 살자.'
'열심히 살자.'

앞뒤가 썩 맞지 않는 기원을 했습니다.

눈이 부실 때까지 새 해를 쳐다보고 있었습니다.
이내 눈이 부시자 안경 렌즈에 입김을 불며 부시지 않는
새 해를 응시했습니다.
그리고 몇 번이고 곱씹어 다짐을 했습니다.

'천천히 살자'
'열심히 살자'

그렇게 2001년 1월 1일을 출발했습니다.

2005년 2월 20일

우리 모두 산 나무입니다

교회 주변 논밭들이 어언 간에 준비 태세가 끝난 군인 같습니다.
군장을 메고, 총을 메고, 군화를 신고, 명령을 기다리는 군인.

한차례 비가 오고 다시 한번 꽃샘추위가 올 것이고,
아주 오래전에 돌아가신 외삼촌의 말씀이 생각납니다.
'소한, 대한 다 넘었으니, 금년은 살겠다.'
그 춥던 겨울이 갔다. 이제 내 몸도 겨울이 지났다.
이젠 봄이 오니 만물이 생동하듯이
나도 그럴 것이다는 강한 의지였습니다.

그 이후
봄이 올 때쯤이면 소한, 대한을 짚어 보면서 다가올 봄을 기대합니다.
어려운 시절이 지나면 좋은 시절이 온다는 그 표현 속에서
다시금 한 해의 소망을 심어보는 봄이 오고 있습니다.

소싯적에 유행하던 유행가에 이런 것이 있습니다.
'봄이면 씨앗 뿌려, 여름이면 꽃이 피고,
가을이면 풍년 되어, 겨울이면 행복하네~'

겨울이 행복하답니다.
봄에는 열심히 일하는 계절입니다.
이제 춘삼월이 지척입니다.
무엇을 심어야 할지는 땅에 따라 달라질 것입니다만,
겨울에는 행복하시길 바랍니다.
소한, 대한을 넘기신 분들은 금년은 살 것입니다.
낙망과 곤고와 실망과 좌절이 소한, 대한이길 바랍니다.

이런 말도 있습니다.

'죽은 나무에는 봄이 없다.'

봄은 살아 있는 것들에게 생명을 주는 것입니다.
우리 모두 명령을 받고 나가는 논밭처럼
오는 봄을 맞이합시다.
우리는 모두 살아 있는 나무입니다.

2006년 1월 1일

새로운 한 해가 시작되었습니다

2006년이 주일부터 시작되었습니다.
주일은 일주일의 처음입니다.
이날로부터 한 주일이 시작되고,
올해는 이날로부터 일 년이 시작됩니다.
우선 큰 인사드립니다.
새해 온 가족 건강하시고 발전하는 한 해 되십시오.

그리고 소원을 가지십시오.
어떤 소원이든 없는 것보다는 있는 것이 낫습니다.
그 소원을 가진다면
그 소원을 왜 가졌는지 목적을 가져야 하고,
목적에 따른 목표를 세우시면 됩니다.
그런 다음에 계획을 세우십시오.
그냥 소원만 가지고 계신다면
우리의 소원은 통일인 것처럼 구호만 가지고 마칠 것입니다.
소원의 내용을 분류해 봄도 좋습니다.
가정에, 일터에, 교회에, 개인적으로 어떤 소원을 갖는지.
소원을 두셨다면 이젠 그 소원을 바라보시고 날마다 기도해야 합니다.

금번에 제공된 수첩에 그 소원을 적고
매주 예배 때마다 들여다보고 기도할 것입니다.
그 소원에 따라 내가 무엇을 할지를 찾아야 하고,
들려오는 주님의 음성에 순종하시면 됩니다.
하나님은 우리의 소원을 들어주시기를 기뻐하십니다.
2007년이 시작되는 내년 1월 1일에 우리 소원들이
모두 하늘에서 내려와 내 손안에 있게 됨을 볼 것입니다.
올 한 해 하나님을 기대하시고, 사모하시고, 기도하신다면 말입니다.

큰 소원중의 하나, 이것은 모두가 같이 가집시다.

"하나님 올해는 사람을 얻게 해 주소서!"
의인의 열매는 생명나무라. 지혜로운 자는 사람을 얻느니라.
(잠 11:30)

그 사람에게 예수를 더해 주고 행복을 더해 주고
성공습관을 더해 줍시다.
이것이 올해의 플러스 원입니다.

사랑하는 성도 여러분,
하나님께서 참으로 우리를 사랑하십니다.

2009년 1월 4일

새해 인사 – 행복 언어! 동행

사랑하고 존경하는 성도 여러분,
2009년 새해가 밝았습니다.
새해 교회 표어는 '동행'이라고 정했습니다.
주제 말씀은 요한계시록 3장 20절입니다.

"볼지어다 내가 문밖에 서서 두드리노니
누구든지 내 음성을 듣고 문을 열면
내가 그에게로 들어가 그와 더불어 먹고
그는 나와 더불어 먹으리라"

그분은 내게 문을 두드리고 기다리실 이유가 없습니다.
그분은 나의 승낙을 얻으실 필요가 없습니다.
그런데 그분은 나의 승낙을 원하고 문을 열 때까지
문을 두드리고 기다리신다는 것입니다.

문을 열면
들어오셔서 '더불어' 하시겠답니다.
'더불어'를 한문으로 바꾸면 '동행(同行)'입니다.

2009년의 우리가 설정한 인물은 '요셉'입니다.
'요셉'은 그야말로 하나님이 '더불어' 살았던 사람입니다.

먹는 일은 가장 기본적인 일입니다.
먹는 일은 생명에 관한 일입니다.
가장 기본적인 것,
그저 내가 알아서 하는 일이고 그분이 함께하시지 않아도
나 혼자서 할 수 있는 일인데 그 일에서부터 '더불어' 하시겠답니다.
그 작고 작은 일부터 모든 일에 '더불어' 하시겠답니다.

문을 엽시다. 언제나 문을 두드리시는 그분의 음성을 들읍시다.
그렇게 우리는 그분이 나에게 '더불어' 하시고
우리도 2009년에는 '더불어' 사는 것입니다.
사랑하는 부모님, 사랑하는 자녀들,
사랑하는 이웃들과 '더불어' 말입니다.
그분들에게서 들려오는 문 두드리는 음성에도 아주 민감하고
민첩하게 산다면 2009년은 형통(亨通)할 것입니다

형통(亨通)은 '더불어' 사는
빛과 소금교회의 삶입니다.
그 삶의 시작은 '동행'이고
그것은 빛과 소금 교인들의 행복 언어입니다.

2011년 1월 9일

~만큼 ~만큼 ~만큼

1월 1일, 아침 해돋이를 보지 못한다는 일기예보와
눈이 많이 와 이동하기가 어렵다는 짐작 아래 송구영신 예배 후
잠깐 눈을 붙이고 아침에 밤샘한 유스셀 아이들과 식사를 위해
교회 마당으로 내려갔습니다.
7시 40분경….
아, 교회 아래 마당 입구에서
무등산에서 벌겋게 떠오르는 장엄한 해돋이를 보았습니다.
그래, 저 해가 완전히 뜨기 전에 소원 기도를 하자면서
몇 가지를 기도했습니다

하나님, 그저 감사합니다. 금년도 이렇게 살게 하시니 감사할 뿐입니다.
올 한 해는 어떠한 상황에도 감사하며 살게 해 주십시오.
그리고 이내 떠올라버린 눈부신 해를 보고
그래, 순식간에 떠오르는 해처럼 가는 세상인데
얼마나 내 생명이 남았을까를 생각했습니다.
한 살을 더 얹어야 하는 아침에
그래, 주어진 것들 즐거워하며, 다스리며, 사랑하며 살자고
다짐했습니다.

몇 가지를 소리 내어 말했습니다. 떠오르는 해를 향해.

시간을 조각으로 잘 모아 조각모음도 하며 살고,
어쭙잖은 것은 쓰레기통으로 보내고, 시간도 나눠 주며 살자고….
비록 바닷가의 아침이거나 산 정상에서의 아침은 아니었지만
교회 아래 마당의 다짐은 나름대로 훌륭했습니다.

새해가 밝았습니다.
2011년에는 여유를 부리시는 한 해가 되시고,
평안을 누리시는 한 해가 되십시오.
아침에 일어나 오늘 일을 살피고, 적어보고(노트를 생활화하시는 것)
내가 할 일 가운데 그분과 동행하기를 바라는 기도와 함께.

우린 2011년을 '밟는 만치 내 땅'이라는 말씀으로 시작했습니다.
하나님에게 온전히 행한다면
하나님께서 2011년에
내가 일한 만큼, 밟은 만큼, 힘쓴 만큼, 공부한 만큼 이루실 것입니다.

하나님의 사람이 기도하지 않으면 힘없는 그리스도인이라고 합니다,

올해는 힘 있는 하나님의 사람이 되십시오.

2011년 3월 6일

봄소식

분명 햇살은 가까워졌는데 공기는 여간 매섭습니다.
지난겨울, 100년 만에 추웠다는데, 영하 10도도 더 내려갔다는데,
들녘에는 혹독한 겨울을 버텨온 씨앗들이 발아하고,
뿌리들이 새순을 드러냅니다.
생명은 참 모질고 끈질깁니다.
그 겨울 어느 곳에 피신했다 나타나는지,
졸졸졸 흐르는 개울에 피리 떼들이 봄을 만듭니다.

각종 스포츠도 긴 겨울 동안 따뜻한 곳에서 준비해 온 실력으로
자웅을 가르는 야외경기인 축구도, 야구도 개막할 모양입니다.
교회 내 문화 사역도 기지개를 켜고 일어납니다.
족구도, 낚시도, 등산도, 역사 기행도 시작됩니다.
옷가게에서는 봄 신상품들이 가볍고, 화사하고, 밝게 유혹합니다.
가전제품도 봄철과 신학기를 맞아 갖가지 화려한 광고를 합니다.
제법 길어진 낮의 길이에 활동량도 점점 많아집니다.

계절이 바뀐다는 것.
달이 바뀌고, 해가 바뀌는 양 작은 매듭을 짓고,

새 매듭을 풀어가게 합니다.
올봄부터는 무엇을 할 것이라고 다짐도 하고,
지난겨울을 정리하기도 합니다.
봄은 그렇게 무엇인가를 시작하게 하는 힘이 있습니다.
언 땅을 뚫고 흐르는 개울물처럼, 풀잎처럼
가장 유약한 것이라 할지라도 살아 있는 것은 그렇게 봄이 있습니다.
그 어느 것 하나라도 생명은 신기하고 놀랍고, 경이입니다.

그렇듯 내 생명도 날마다 같은 생명이지만,
내 스스로가 내 생명에 대한 경외와 감사로
자기 얼굴도 만져보고, 손도 발도 만져봅니다.
한없는 감사와 고마움으로….
해가 가고 계절이 바뀌어 겉모습은 점점 시들어갈지라도,
예전에 보지 못한, 듣지 못한, 알지 못한 것들로 신기해하며,
예전에 살았던 미안한 것들에 내심 감사하며,
더 넓어져 가는 가슴이 겨울을 뚫고 나옵니다.
주님 앞에 한량없이 부질없고 감히 얼굴 들 수 없는데
이렇게 살아 있고 행복을 누린다는 게
차라리 오는 봄에 미안할 뿐입니다.

2012년 1월 22일

~덕분에

며칠 전 어떤 분이 정치에 입문하면서
"~ 때문에 여기까지 온 것이 아니라
~ 덕분에 여기까지 왔다."라고 했습니다.

그분의 멘트가 늘 여운을 주는 것이 많았는데
그렇습니다, 지금의 자신이 여기에 이른 것이 살펴보면 볼수록
~때문에 여기에 이른 것이 아닌 ~덕분에 이른 것입니다.
설을 맞이해 다시 옛것을 돌아보면서 더욱 그런 생각이 가득합니다.

사랑하는 우리 성도들 덕분에 여기까지 왔습니다.
사랑하는 우리 가족들 덕분에 여기에 다다른 것입니다.
자신을 돌아보면 한량없이 어리석고, 턱도 없이 부족합니다.
그야말로 감지덕지(感之德之)일 뿐.

설을 맞아 여기저기 세배를 드립니다.
그때마다 덕담할 때에는 그런 인사를 해보지요.
덕분에 사는 감사를 말할 수 있는 인사들을 말입니다.
해가 바뀌어 나이만 늘어가는 것이 아니라

자꾸만 빚지는 좋은 사람, 빚진 사람이 늘어갑니다.

다시 설을 맞습니다.
그런 기분이 들어요, 해가 바뀌는 것은 1월 1일 양력이지만
달이 바뀌는 것은 이렇게 음력 설이 바뀔 때 바뀌는 것이라고요.

지난주 그런 말을 써 본 기억이 있습니다.
나에게 매일 하나씩 선물상자가 배달될 것이고,
나는 날마다 그것을 열어서 산다고.
그것은 내가 원하든, 원하지 않든 분명한 내 것이고,
내가 그날에 다 사용해야 할 것이라고.
그런데 그 선물상자를 주시는 분은 무턱대고 주시는 것이 아니라
나에게 가장 적합한 것을 주신다고요.
그러나 내일 올 선물상자는 어제의 내가 만든 것이랍니다.
오늘은 그다음의 선물상자를 만들어가고요.
여기 우리에겐 나의 간절한 요청에 따라
선물의 내용을 더하실 분이 계십니다.
그분 덕분에 내게 배달된 선물상자는 달라집니다.
기쁨은 배가하고, 슬픔은 절감하며,
어떤 처지와 형편에서도 그분이 같이 있어
'나의 나 됨'을 이루어 가실 것입니다.
그분 덕분에 지금은 이렇게 나의 나 된 것보다
훨씬 나은 인생을 삽니다.

2013년 1월 20일

같이 가면 좋겠습니다 - 신앙신축

"넘침은 모자람만 못하고 지나침은 가만있음보다 못하다고
나서지 않아도 바람으로 이는 숲의 향기 같은
소박하고 조용한 은신으로 있는 듯 없는 듯하면서 함께해 주는
제 삶에 충실하고 이웃에 배려함을 가진 사람이
정말 아름다운 사람이다."

신년 들어 우리 성도들의 표어와 목표를
'신축(新築)'이란 말로 정했습니다.
올해는 교회를 새로 지어 이사를 하니까 신축이 되는 것처럼
개개인의 신앙도 새로 지어가자는 바람으로
'신축'으로 했습니다.
예전의 자신의 신앙이 낡고 부족하고 게으른 게 있다면
지금 나의 신앙을 새롭게 넉넉하게 부지런하게 하는데
욕심을 내보자고.

그런데 자신을 모른다면 할 수 없지만(사실 일러주기가 참 어렵다)
알면서도 굳이 그 모습 그 상태 그대로 가겠다면
성경은 그렇게 말씀하십니다.

"목이 곧은 백성이다. 완고(頑固)하고, 무디어 고집이 세다.
그들은 너(목회자)의 말을 들으려고 하지 않을 것이다.
그들은 얼굴에 쇠가죽을 쓴 고집 센 자들이어서
나(하나님)의 말을 들을 생각이 없기 때문이다"
(새번역성경 의역, 겔 3:7)

사실 성경에서 제일 많이 강조하는 게 순종이거든요.
그런데 순종과 거리가 멀수록 고집(固執)이 셉니다.
집이 낡으면 고치거나 새로 짓고,
옷이 낡으면 꿰매거나 새로 사 입을 줄 아는데
신앙에 대해서는 완고합니다.
그 고집 버리기가 신앙신축(信仰新築)이 됩니다.

사실은, 정말 정말 제일 감사한 성도는
못 이기는 척 같이하는 분입니다.
또 정말 미안하고 제일 죄송한 성도는 함께 하지 않는 분들입니다.
억지로라도 같이 갈 수 있도록 하는 능력 없음이 정말 송구합니다.
그런 분들에겐 미안해서 고개를 들 수 없습니다.
감사해서 고개를 숙이는 분들에겐 눈을 마주치지만
미안해서 고개를 숙이는 분들에겐 눈을 볼 수 없습니다.
조심스럽게 또 한 번 말을 건넵니다.
"같이 가면 좋겠습니다."

2015년 1월 4일

당당한 일 년 결산을 위하여

겨울의 시작이 11월부터라면 그때부터 올해 첫눈이라고 하지만
사실상 해를 기준으로 한다면 1월에서부터
처음 온 눈이 첫눈이겠지요.
1월 1일 새벽에 많은 눈이 내렸고
2일도 새벽과 오전에 많은 눈이 내렸습니다.
흔히 말하는 서설(瑞雪)이라고 하지요.
서설(瑞雪)이기에 2015년은 상서로울 것이라는
옛 선인들의 이야기를 믿지요.
올해는 그렇게 상서로운 일이 많기를 기원합니다.
상서롭다는 말은 '복되고 좋은 일이 있을 듯하다.'라는 뜻이지요.
그렇게 올해는 내가 누군가에게 '상서로운 사람'이 되기를 바랍니다.

2015년의 교회 표어는 "Grow up, 성장"이라고 정했습니다.
무엇이 성장이냐면
하나님의 사랑을 알고 하나님을 경외하며 이웃을 사랑하여
세상을 변화시키는 거룩한 삶으로 성장입니다.
이를 위해서 기본적인 신앙의 바탕을 튼튼하게 하는 일입니다.
무엇보다 더 칭찬하는 사람, 칭찬을 듣는 사람이 되고자 합니다.

칭찬이란 잘한다고 추어주거나 좋은 점을 들어
높이 평가하는 것입니다.
이를 위해 나의 위치에 걸맞은 '~다운 사람'으로 행동하는 것입니다.

간략하게 쓰면 '~~답게' 말하고 행동하고 사는 것입니다.
아버지라면? 아버지답게 말하고 행동하고 사는 것이고,
어머니라면? 어머니답게 말하고 행동하고 사는 것입니다.
남편답게, 아내답게, 자녀답게 자신의 위치를 명확하게 지키고요.
일터에서 내가 맡은 위치가 무엇인지
거기에 걸맞게 사는 것입니다.

교회에서 어떤 직분을 맡으셨나요?
그 직분에 걸맞게 '~~답게' 말하고 행동하고 사는 것이지요
이왕이면 '~~답게'보다 한 걸음 더 나가 품격을 높여
자신을 세워가는 것입니다.
내가 나를 대접하는 일이 그것입니다.
남을 대접하는 가장 큰 일은
상대방을 정죄하거나 비판하지 않는 것입니다.
그리고 나를 대접하는 일은 내가 나에게 함부로 하지 않는 것입니다.

2015년 빛과 소금 성도 여러분,
우리는 내면적, 외면적으로 성장합니다.
뒷걸음질해서 미안한 인생 결산이 아닌
당당한 일 년 결산을 가져가도록.

2018년 1월 7일

새해 인사

흔히 사용하는 새해 인사입니다

- 행복한 한 해 되기를 기원합니다.
- 새해에도 가정에 사랑과 평안이 가득하시길 바랍니다.
- 행복 가득, 사랑 가득한 한 해 되세요.
- 새해 복 많이 받으시고 2018년 건강하세요.
- 새해에는 뜻하는바 모두 이루시고,
  즐거운 일만 가득하시길 기원합니다.
- 새해에는 소망하는 일들이 모두 이뤄지고 늘 행복하고 건강하세요

주 단어는 행복, 사랑, 소망, 건강입니다.
사람들이 왜 사는가? 행복하기 위해서입니다.
행복하려면 사랑을 해야 합니다.
행복도, 사랑도, 건강이 있어야 합니다.
무엇을 소망하시는지, 소망을 분명하게 갖고 있을까요?

건강을 위한 계획이 있어야 하고 그 계획대로 실행하는 것입니다.
사랑은 오래 참습니다. 사랑은 친절합니다.

행복은 선택입니다.
하루에도 몇 번씩이나 행복을 선택할 기회는 옵니다.
소망을 세우고, 소망을 이루는 노력이 있어야 하겠지요.

2018년 우리 성도들에게 새해 인사를 드립니다.
올 한 해, 성도 여러분이 하나님으로 인해 행복하길 기원합니다.
올 한 해, 가족끼리 더욱 친절하여 사랑하고,
자기 일도 사랑하기를 바랍니다.
올 한 해, 먹는 것, 운동하는 것, 잠자는 것, 잘 조절하여 건강하세요.
올 한 해, 자신의 소망을 세우고 그 소망에 거름 주고, 물 주고 하세요.

이 모든 것을 주관하시는 하나님을 배제하지 마십시오.
언제나 하나님, '그분의 관점과 시각'을 물어보시고,
우리 예수님이라면 '어떻게 하셨을까?'와
성경에서는 '이때는' 어떻게 말씀하시지를 찾고,
성경의 위인들은 '이 문제를 어찌했을까?'를 찾으신다면
행복, 사랑, 건강, 소망이란 단어들은
항상 가장 가까이에 있을 것입니다.

새해에는 더 좋은 교회와 더 좋은 신앙생활을 위해
더 많이 기도하고 노력하겠습니다.
우리 같이 가장 건강한 교회를 만들어갑시다.

2019년 1월 6일

나의 황홀한 감옥이여

2019년 새해입니다.
아스라한 1999년, 20년 전에 그런 조바심이 있었네요.
2000년이 오면 세상이 끝날 것 같은…. 그런데 19년이 지났네요.

사실은 그보다 어린 나이 때는
내가 과연 2000년이라는 때를 만날까 했고요.
그런데 엊그제 어떤 꼬마 아이는 2060년을 이야기하더군요.
2060년? 내게는 없는 날이겠지요.

사실은 내년 글씨가 보기 좋은 2020년조차도 기약할 수 없습니다.
누군가의 하루는 내가 그저 흘려보낸 천금의 하루이겠습니다.

그럼에도 새해가 되어 소망을 하나님께 드렸습니다.
그 소망을 이루기 위해서 매일, 매주, 매월
점호(點呼)를 하기로 했습니다.
"바쁘다? 시간 없다?"
이런 거짓말은 하지 말자고 날마다 채근할 것입니다.

사랑하는 우리 빛과 소금 성도들에게 진심으로 감사드립니다.
다시 한 해를 같이 맞이하게 되어서 말입니다.

김재진 님의 시 한 구절을 옮깁니다.

"남아 있는 시간은 얼마일까 바라보기만 해도 가슴이 따뜻한
 사랑할 날이 얼마나 남았을까"

지난 잘못 살아왔던 날들이 자꾸만 회자(回刺)되어서
스스로 부끄러움을 짓눌러 이겨가며 살아갈 날에
무한한 감사뿐입니다.
올 한 해 사는 날만치 하루하루를 감사하고~
사랑하며 그리고 바다가 되어가고 싶습니다.
제게 여러분과 교회는
쉰두 켤레의 구두와 열두 벌 양복이 있는 황홀한 감옥입니다.

사랑하고, 고맙고, 존경하는 성도 여러분.
올해도 잘하겠습니다.
할 수 있는 한 모든 것을 동원해서
모범수로서 대기(待機. stand by) 하겠습니다.

잘 사용하십시오.
자주 부르십시오.
늘 요구하십시오.

2019년 3월 10일

봄(春), 바라봄

봄, 사계절 중 첫 번째 계절입니다.
천문학적으로는 춘분(3월 21일경)에서 하지(6월 21일경)까지를
봄이라고 합니다.

우리에게 시작을 말한다면
크리스마스에 아기 예수 오심과 더불어 새롭게 시작하고,
1월 1일에 새롭게 시작하고,
음력으로 설에 새롭게 시작하고,
봄에 새롭게 시작하고~
시작만 4번이나 됩니다.
그만치 시작이 무너지고 무너지는 탓 아닐까요?
아직도 2019년을 계획 없이 또는 계획이 무산된 채 살고 있다면
올해 마지막 기회입니다.

봄, 바라봄
봄이 되어 꽃들이 우리에게 바라봐 달라고 손짓합니다.
매화를 필두로 해서 개나리, 산수유, 벚꽃, 진달래, 꽃잔디 등등….
자연은 언제나 사람들의 감성을 깨웁니다.

제발 지적으로만 살지 말라고, 그냥 막 살지 말라고 합니다.
자연을 바라보고 살라고~
자연의 이치를 보고 배우라 하는 것 같습니다.
아름답게 살라고~ 너도 인생의 꽃을 피우며 살라고 합니다.
비단 꽃만이 아닙니다. 살아 숨 쉬는 식물들의 대향연이 시작됩니다.
어떤 것도 홀로 독야청청하지 않습니다.
함께 어울려가며 살아 갑니다.
꽃들도, 새들도, 풀들도, 하늘도, 구름도….

100세의 생존 철학자 김형석 님은 말합니다

"우리 예수님을 만나게 되면 예수님이 내 안에 와서 거하십니다.
내가 사는 것 같지만 다른 사람이 나를 볼 때
'저분은 우리하고 다른 사람이야. 저분 속에 다른 사람이 있어.
아마 예수님이 그 속에 계실 거야'라고 말하게 됩니다.
그런 사람이 목사요, 장로요, 신학자가 돼야 합니다."

한 걸음 더 나아가 그런 예수 믿는 신자 되기를 원합니다.
이 봄날부터 더욱 하나님을 바라봄이
그런 신자를 만들어 줄 것 같습니다.
하나님을 바라봄이란
그분이 뭐라 하시는가 귀 기울이는 데에 있습니다
뭐라 하시는 가는 자꾸 물어야 답을 하십니다.

빛과 소금으로 살다

2020년 1월 5일

2020 새해입니다

'새'라는 말은 새롭다는 말입니다.
'해'라는 말은 태양을 의미하는 것입니다.
또 불로 태워진다는 말이기도 합니다.
우리가 한 살, 두 살 할 때 그 '살'은 '세-歲'에서 왔지만
우리말로는 '살라지다, 사르다'에서 옵니다.
즉, 불살라진다는 것(불사름)에서 본 것처럼 '살라지는' 것입니다
거기에서 '살람=사람'도 옵니다.
사람은 살라지는 것이고
'사름'이 끝나면 시들고 사람이라고 하지 않습니다.

이제 2020년에도 나는 '살라지는' 존재로 사는 것입니다.
산다는 말을 그대도 옮기면 '살라지는' 것, 진행형입니다.
그럼 어떻게 살라져야 할까요? 즉 어떻게 살아야 할까요?

"주님만 의지하고, 선을 행하여라.
이 땅에서 사는 동안 성실히 살아라.
기쁨은 오직 주님에게서 찾아라.
주님께서 네 마음의 소원을 들어 주신다.

네 갈 길을 주님께 맡기고 주님만 의지하여라.
주님께서 이루어 주실 것이다.
너의 의를 빛과 같이 너의 공의를 한낮의 햇살처럼
빛나게 하실 것이다." (시 37:3~6)

미래학자 레이 커즈와일은 '인간이 세상의 중심'이라는 말로 끝냅니다.
해 아래 살고 있는 사람은 해(日)를 벗어나 살 수 없고
생명체가 아닐 수는 없습니다.
그 엄청난 세상을 이루어갈 자는 '살라지는 사람'일 것입니다.

'사람다움'
주님만 의지하고, 선을 행하여라.
이 땅에서 사는 동안 성실히 살아라.
기쁨은 오직 주님에게서 찾아라.
주님께서 네 마음의 소원을 들어 주신다.

우리는 기계가 아닌 피조물로
전능하신 하나님의 유한한 생명체를 벗어날 수는 없습니다.
그래서 열정으로 살고, 살라질 것입니다.

새해 개인적 표어입니다.
"주님만 의지하고, 선을 행하여라. 이 땅에서 사는 동안 성실히 살아라."

2021년 1월 3일

1월 1일에 "로또 하나님"을 생각하다

이 '1월 1일'이라는 말에서 연상할 수 있는 단어들이 있습니다.
시작. 출발. 처음. 결심. 계획. 각오. 갱신.
거기에 하나를 추가하면 어떨까요? '로또'입니다.

무슨 새해 벽두부터 '로또'냐고요?
2021년을 내 인생의 '로또'로 받아 들고
하루, 한 주, 한 달을 살자는 의미입니다.

코로나 팬데믹 하에 새해를 맞이했지만
내게 주어진 하루하루가 '행운'으로 받는다면
그것이 로또이지요.

소설가 양인자 씨의 아주 오래전 '타타타'라는 유행가 가사가 있습니다.

"산다는 건 좋은 거지 수지맞는 장사잖소
알몸으로 태어나서 옷 한 벌은 건졌잖소
우리네 헛짚는 인생살이 한 세상 걱정조차 없이 살면
무슨 재미 그런 게 덤이잖소"

사실 우리에게 최고의 '로또'는
지금 내가 하나님의 자녀라는 데 있습니다.
나를 다 아시는 분, 내 인생의 모든 키를 쥐고 계신 분.
하나님만치 내 인생의 '로또'가 어디 있을까요?

하지만 내가 그 '로또'를 받으면 '로또'가 되지만
놔두면 그냥 흐지부지 있으나 마나 한다는 것이지요.
'로또'를 귀하게 쓰는 삶이기를 바랍니다.
새해 우리 성도들에게 하나 조심스럽게 제안해 본다면
그 '로또'를 가진 자들은
더욱 '정상적인 삶'과 '예의 바른 삶'을 사는 것입니다.

교회가 무슨 윤리냐 하겠지만 충분히 윤리 이상이어야 합니다.
우리의 신분이 '가진 자'이기 때문입니다.
가진 자의 여유,
하나님, 예수님, 영생을 가진 자는 여유를 부리는 것입니다.
그것이 어떤 상황 속에서도
기독자로서의 '정상적인 삶'과 '예의 바른 삶'입니다.
이것은 코로나 팬데믹 하의 기독자들의 세상을 향한
신뢰의 회복이기도 합니다.
새해, '로또의 삶'이 주는 여유로 평안을 구가(謳歌)하는
크리스천이 되시지요.

제게 여러분과 교회는
쉰 두 켤레의 구두와 열두 벌 양복이 있는
황홀한 감옥입니다.

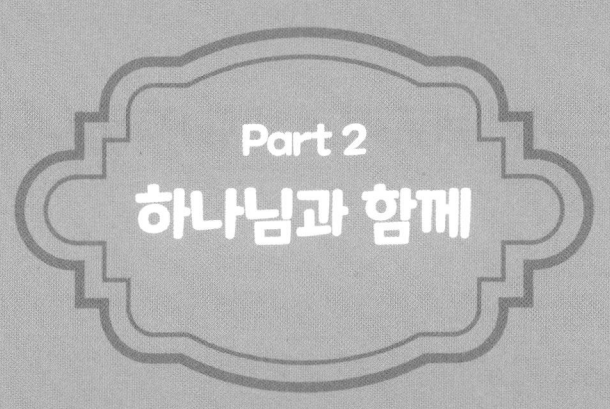

1999년 7월 4일

8년은 이리 봐도 저리 봐도 8자입니다

아무리 생각해도
하나님의 은혜가 아니면 이리할 수 없습니다.
자조적(自嘲的)인 푸념으로 살펴보고,
자긍적(自矜的)인 고자세로 보아도 온전히 그분이 베풀어 주심입니다.
저 같은 주제에 이런 은혜를 받는다는 것은 언감생심(焉敢生心)입니다.

8자는 거꾸로 봐도 옳게 봐도 8자입니다.
그렇게 어디를 보든 하나님의 은혜입니다.
사람들이 말하는 팔자를 구태여 말한다면
우리의 팔자야 반드시 성공하도록 약속되어 있지 않겠습니까?
새벽 제단에서 자꾸 저를 돌아보았습니다. 또 보고 또 보고….
곱씹어 살펴보아도 이것은 제발 겸손의 소리가 진짜 아닙니다.

오직 그분의 은혜였습니다.
우리 교회가 다른 교회보다 크다는 것도, 좋다는 것도 아닙니다.
지금 제가 와 있는 현실이
저의 무엇으로도 이 자리에 올 수가 없습니다.
주제를 잘 압니다. 주제 파악을 잘합니다.

그런 제가 아무리 파악해도
저 같은 주제로는 다시 말해 언감생심입니다.

이 교회를 만난 것도,
사랑하는 여러분을 만난 것도,
여기까지 인도함을 받은 것도.
저는 지지리도 못난 자입니다.
그리고 악한 자입니다.
제가 잘 압니다. 누구보다 제가 저를 잘 압니다.

그런데 제가 여기에 있음은,
오직 나의 나 된 것은 주님의 은혜일뿐입니다.
기도해 주십시오.
교만하지 않고
언제나 자기 자리를 잘 지키는 자가 되게 해 달라고….

1999년 11월 14일

햄버거 먹는 목사

참 죄송합니다만 저는 얼마 전부터 서울역에서 햄버거를 먹습니다.
이유는 햄버거와 함께 주는 복권 때문입니다.
감자랑 콜라랑 햄버거랑
야물 야물 먹으면서 조심스럽게 은박을 벗겨냅니다.
남은 콜라를 마시고 '꺼억'하고 일어섭니다.
시간도 먹고, 햄버거도 먹고, 복권도 먹고, 행복을 즐깁니다.
의사는 제게 밀가루 음식은 가급적 삼가라고 했는데도….

또 있습니다.
그 기다리는 복권 말고 박박 긁는 복권에 대한 유혹이 종종 있습니다.
그게 당첨되면 뭐 할까? '교회 차를 바꿀까?', '교회 빚을 갚을까?'
이런 생각으로 스트레스를 받고 있을 때
살까말까 하다가 집단으로 한번 저지르기도 합니다.
서울역에서 '꺼억'할 줄 알면서 몇천 원 던져 구석으로 갑니다.
그렇게 형편없는 목회자입니다.

이러한 형편없는 이야기 속에서
다시 한번 저의 불한당 심보가 가득하다는 것을 봅니다.

이 형편없음이 스스로 부끄럽고
콜라의 뒤 끝에 나오는 트름처럼 이내 드러나서
더욱 목사라는 칭호가 어색해 집니다.

햄버거 아가씨나 복권 파는 아저씨는 제가 목사인 줄 모르겠지요.
저 자신에게도 속물인 것이 가끔이면 좋은데
금년 내내 그런 것 같아 가슴이 아픕니다.

2000년 7월 23일

진정한 크리스천의 서약서

우리에게는 세 가지의 생활이 있다.
사회생활과 가정생활 그리고 교회 생활이 그것이다.
이 모든 것에 적절한 균형이 필요하고 모두에게 균등 되어야 한다
나는 하나님의 영으로 인도함을 받은 하나님의 아들로 산다.
그러기 위해서 나는 다음의 수칙을 지킬 것을 약속한다.

1. 신앙생활

항상 기뻐한다. 쉬지 않고 기도한다. 어떤 처지에서도 감사한다.
날마다 성령님을 사모한다. 성령님의 인도함을 받는다.
기도와 찬양은 내 삶의 열쇠요. 자물쇠이며 영적 삶의 표출이다.
범사에 헤아려 좋은 것을 취하고 악은 어떤 모양이라도 버린다.
하나님에 대한 기본적인 삶은 절대적이다.
목회자를 안다. 목회자를 귀중히 여긴다.
해당 순에 적극적인 참여와 순장의 지도에 적극 순종한다.
성도의 허물과 죄를 덮어준다. 항상 선을 좇는다.
내가 먼저 손 내밀고 사랑을 베푼다.

2. 가정생활

배우자를 절대적으로 사랑하며 내가 먼저 사랑한다.
부모에게 최대한으로 효도한다.
자녀 양육에 최선을 다하며 교회학교 교육에 절대 협력한다.
규모 있는 가정경제를 경영한다.
(사치와 향락은 물론이고 절제와 절약의 생활 습관화)
가족을 위한 기도는 나에게 식사와 같은 것이다.

3. 사회생활(직장, 학교)

내가 근무하는 곳은 나의 선교지이다.
나는 파송 받은 선교 목사로 산다.
나는 빛으로 소금으로 산다
나는 모든 능력을 다 동원하여 일과에 충성 봉사한다.
이웃에게 칭찬 듣는 그리스도으로 산다.

나의 최종 목표는 내가 그리스도의 영으로 사는 것이며,
이 영으로 그리스도의 생명을 전하여
나의 생명을 더욱 건강하게 하는 데 있다.

(이상은 빛과 소금교회 교인들의 선서입니다.)

2001년 3월 25일

하나님과 함께 내 인생을 펼치십시오

우리 빛과 소금교회 교인됨의 목표는 다음과 같습니다.
 1. 나는 이 땅에서 빛과 소금이 된다.
 2. 나는 예수 안에서 참된 평안과 여유를 누린다.
 3. 나는 여러 사람을 섬기는 데서 기쁨을 찾는다.
 4. 하나님의 눈과 귀는 나를 향하시고 나는 믿지 않는 자에게 있다.

나 자신이 어떻게 그리스도인으로서 살 것인가에 대한 답입니다.

그리스도인답게 당당하고 씩씩하게 살아야 합니다.
가진 것이 작아도 배운 것이 부족하여도 전혀 불편하지도 부끄럽지도 않는 삶은 그리스도인으로서의 사명 이 땅에서 빛으로 소금으로 사는 것입니다. 그리고 온갖 세파 안에서 여유와 평안을 누릴 수 있음은 오직 성령님과 함께 있을 때 가능합니다. 성령님과 함께 누리는 참된 여유와 평안을 누리십시오.

아울러 나는 내가 존재하는 어디에서든지 섬기는 자가 되어야 합니다.
우리 주님이 이 세상을 섬기러 오신 것처럼 내가 속한 가정에서 일터에서, 학교에서, 교회에서, 직장에서 아랫사람이든 윗사람이든 섬기는 것입니다. 거기에는 우리 주님이 주시는 진정한 기쁨이 있습니다. 우리는 기쁨과 감사의 사람입니다.

그뿐만 아니라 하나님이 누구에게 자기 눈과 귀를 두고 계시는지를 보십시오. 온 땅을 두루 감찰하사 자기를 향하는 자에게 능력을 베푸신다고 말씀하셨습니다. 우리는 그 때문에 능력 있는 사람인 것입니다. 자기를 전심으로 향하는 자, 기도하는 자입니다. 언제든 그분 앞에서 사는 자입니다.

그리고 그렇게 살지 못한 많은 사람에게 우리 안에 주어진 씩씩한 삶, 여유와 평안의 삶, 기쁨과 감사의 삶, 능력 있는 삶을 보여 주셔야 합니다. 전도는 말로 전하는 것과 내 안의 예수와 함께하는 삶을 보여 주는 것입니다.

이러한 4가지의 사명을 위해
4가지의 질문을 우리는 늘 던지는 것입니다.

    1. 열정이 있는 영성이 있는가?
    2. 영적인 감동이 있는 예배가 있는가?
    3. 하나님의 가족 안에서 생명의 나눔이 있는가?
    4. 이 감동의 삶을 전하는가?

우리 중 누구도 조연은 없습니다.
우리 모두 나는 내 인생의 주인공입니다.
빛과 소금 교인으로서 쉼 없이 질문해야 할
주인공으로서의 4가지 질문과 자기 확인의 4가지 사명을
날마다 묻고 하나님과 함께 펼쳐나가십시오.

2001년 6월 10일

이런 교회이고 싶습니다

좋은 소문을 듣고 자기 발로 찾아오는 사람이 많은 교회.
너무 좋아서 멀리 한 시간쯤 떨어진 곳에서도 기쁨으로 찾아오는 교회.
이사를 하여서도 늘 잊지 못할 정도로
신앙의 좋은 추억을 들고 가는 교회.
말씀이 맛이 있고 기도의 응답이 있고 찬양의 고백이 진실한 교회.

내가 가진 것이 나만 갖기에 너무 아까워서
누구에게 나눠주고 싶어 안달한 교인.
예수를 늦게 믿은 것이 후회가 되는 교인.
예수를 믿어서 너무나 행복한 교인.
누구라 할 것 없이 너도나도 손 내밀어 사랑 나누는 교인.

예배 시간이 기다려지는 교회.
먼저 온 사람이 앞자리부터 채우는 교회.
불편하다 할지라도 예수님 때문에 불편을 감수해 내는 교회.
무엇인가 부족하다 싶으면 언젠가 그 자리에 채워져 있는 교회.
하나님 말고 만나고 싶은 사람이 언제나 있어서 가고 싶은 교회.
예배가 언제 끝났나 할 정도로 지루하지 않은 교회.

머리의 신앙이 아니라 가슴으로 받아내고 영혼으로 다져 가는 교회.
자라나는 아이들에게 꿈과 희망을 주어 살아 있는 생명체로서의 교회.
피 끓는 청년들이 젊음의 열기를 발산할 수 있는 교회.
천국 문에 가까운 분들이 정말 깨끗하게 소천하는 교회.
'아, 이게 교회구나'라고 고개 끄떡이며 말하는 교회.
한번을 나와도 몇 년쯤 다닌 것 같이 포근하고 평안한 교회.
10년을 다녀도 새신자처럼 늘 새로워지는 교회.

이런 교회는 꿈이 아니고
지금의 빛과 소금교회이고
앞으로의 교회입니다.

2001년 12월 2일

그때, 그 사람들과 함께

지난 주일 저녁, 아주 조촐한 생일상을 받았습니다.
말 그대로 차린 것은 없지만
먹을 것과 사람들이 풍성한 생일상이었습니다.
그때 그 사람들과 함께.

처음 10년 전에 개척할 당시 한성아파트 상가에
처음으로 예배에 오셔서 함께 하신 분들 그리고 나중에 오셨지만
지금 그분들과 지근거리에 있는 분들과 10년 전을 이야기하며
박장대소하고 웃었습니다.

"그때 나는 20대였다. 나는 30대였다. 그때 호박죽은 잊지 못하지."
"맞아 그때 화투치다가 목사님에게 들키기도 했지."
"어디 가다가 누구는 '빨간 선인장'을 부르고
누구는 '당신의 뜻이라면'을 불렀지."
"그때 숙자 돌림이 많았지."
"그때 모두 둥글둥글 하나였었지."
"뉘 집의 해물 국수 끝내줬지. 곱창전골은 어떻고…"
"누군 그때는 뺀질뺀질 하면서 잘 안 나왔는데…"

10년의 세월을 그렇게 이야기하며 시간을 온통 과거에 두었습니다.
그리고 우리 이다음 주 월요일에 기도원에 가기로 결론이 났습니다.
이제 우리 열심히 전도하기로 끝이 났습니다.
그랬더니 소풍이 될 것처럼 먹거리를 자원하며 준비한다고 합니다.
처음 먹어보는 암뽕순대를 가운데 놓고서.

아주 귀한 분들이었습니다.
교회 내에서 그렇게 크게 활동하고 이름을 내는 분들은
아무도 없었습니다만
그래도 10년 전, 삐약삐약하던 때
구역장도 하시고, 여전도회장도 하시고 다들 그랬던 분들.
지금은 정말 오직 교회와 목사님을 위해서
기도하는 분들로 뒤에 계십니다.
나중에 오신 분들 잘하시라고,
군소리 없이 불평불만 없이 기도하고, 밀어주고,
그저 바라만 보고 조용히 이해하시면서.

아주 건강한 대화로 미래를 열어 가는 주일 밤이었습니다.
다음 주 월요일에 하나님과의 2부 순서를 준비하면서
생일상을 물렸습니다.

2004년 10월 10일

참 미안한 생일 잔치

생일, 세상에 나온 날입니다.
세상에 나올 때는 모두가 무엇인가를 위해 나온다고 합니다.
이날을 즐거워하는 것은 세상에 나온 날을 축하하는 것입니다.
난대로 잘 살기를 바라는 마음으로
또 하나는 세상에 나와서 아직 소멸하지 않고
살고 있다는 것으로 축하입니다.
왜냐하면 살아 있는 이상 희망은 있거든요.
참 미안한 생일 축하!

그리고 또 하나의 축하를 하는 이유는
지금까지 산 날보다 오늘부터는 더 잘 살라는 이유도 있을 겁니다.
다시 오늘부터 새날이라는 각오도 있습니다.
해마다 생일이 돌아옴은
그렇게 매년 기회가 한 번 더 온다고 봐도 됩니다.
그동안 성도들에게 매년 생일 카드를 썼는데,
금년 언제부턴가 중단이 되었습니다. 뚜렷한 이유는 없습니다.
아마도 스스로에 대해,
위 모든 것에 대한 상실감 때문이 아닐까 합니다.

교회의 원래 생일은 7월 첫 주입니다.
이 또한 정당성이 불분명한 여타의 이유로
10월 둘째 주로 옮겨 지내왔습니다.
그나마 큰 의미를 부여하지 못한 채 그냥 오늘을 맞이합니다.
아마도 위 상실감의 연장이 아닐까 합니다.

그렇지만 우리 교회에 출석하신 지 7년이 되신 분들,
그분들 때문에 생일이 기억됩니다.
7년을 하루 같이 섬겨주신 여러분!
그리고 그 이상을 섬겨주신 분들과
7년 이하 몇 년이라도 같이 섬겨 오신 여러분,
진심으로 감사를 드립니다.
그동안 어찌 맘 상하고 수틀리는 일이 없었겠습니까?
그동안 어찌 좋은 일만 있었겠습니까?
그럼에도 우리 교회에 여전히 속하신 여러분에게
진심으로, 진심으로 하나님의 은총이 가득하시기를 기원합니다.
그리고 개인적으로 엎드려 감사를 드립니다.
그동안 계시다가 이타저타의 이유로
다른 지역이나 교회를 옮기신 분들도
모두 감사를 드립니다.

모두로 인하여 오늘이 있기에 그렇습니다.
모두 다 감사할 뿐입니다.

2005년 1월 9일

God is here

몇 년 전, 어느 교회에 갔습니다.
몇 번이고 들락날락할 때 보지 못했습니다.
그러던 어느 날 교회에 가려면 횡단보도를 건너야 하는데
신호를 대기하다가 교회를 향해 무심코 쳐다보았습니다.
쉬이 눈에 띄지 않게끔 'God is Here'라고
건물 벽에 쓰여 있는 것입니다.

순간,
전혀 느끼지 못한 전율이 왔고
사람인지라 그 근처에 나란히 있는 교회,
이 교회 저 교회를 비교하는 마음인데
갑자기 그 교회가 달리 뵈기 시작했습니다.
그 후로 그 교회에 갈 때마다 맨 먼저 그 건물 벽을 먼저 봅니다.
일부러라도 돌아서 그 건물 벽을 보고 갔습니다.

교회당, 예배당이 무엇일까를 단문으로 가장 정확하게 쓴 말입니다.
그리고 그 글을 본 다음부터 그 교회를 출입할 때는
분명하게 예전의 행동과 달라졌습니다.

전에는 옆 교회에 비해 별로라고 생각했던 자세가 바뀌었습니다.
이 교회가 낫고, 저 교회가 낫고 하는 마음이 없어졌습니다.

곰곰이 생각합니다. 'God is Here.'
그분의 말일까? 아니면 사람들의 말일까?
'하나님이 여기 계십니다'라고 보아야 할까?
나는 여기에 있다고 보아야 할까?

'God is Here'
그 교회당을 생각할 때마다 맨 먼저 떠오르는 생각이었습니다.
그러면서 나도 언젠가는 저렇게 써야지하고 결심했는데
그동안 자신이 서지 않았습니다.

'God is Here'
한없는 무게감도 느껴지고 엄숙함도 느껴지고
왠지 그 말씀 앞에 잠잠해지는
그런 말씀을 조심스럽게 2005년에 내걸었습니다.
그 말씀에 전율이 올 때는 더 강하게 걸고 싶습니다.
그 말씀의 무게가 느껴질수록 강한 무게감으로 걸고 싶습니다.

2011년 2월 20일

감사하고, 감사하고

설 지난 주일에 유치부 아이들이 세배했고요,
어느 분은 보름날이라고 예쁘게 찰밥과 나물을 해 오고,
농촌교회 봉사하러 간다고….
그 엄청나게 바람 불고 추운 날에 약속하신
34명 한 분도 빠짐없이 오고,
전전날부터 곰탕 끓이고, 반찬 만들고,
기능 수세미 만들고, 먼 데서 가까이처럼 전기공사에 와주고,
장수 사진 찍는다고 메이크업해 드리고, 사진 찍고,
자신의 진료 시간 앞당기고, 부리나케 달려가 의료봉사에 땀 흘리고,
링거에 매달린 어르신들에게 열심히 복음을 전하고,
아침부터 대체의학 진료를 위해 아내랑 아이들이랑 모두 같이 오고,
유스(Youth) 아이들 찬양 연습한다고 자정 가까이에 모여서 연습하고,
특별한 이유가 있는 야간 기도회에
날마다 참가 숫자를 갱신하여 오고,
차량수리에 내 차처럼 심혈을 기울여 힘써 주고.

지난주에 있었던 '감사하고, 감사하고'의 일입니다.
모두가 각 공동체나 팀별로 자발적으로 자율적으로 움직여 주셔서

감사합니다.
각 팀과 공동체의 자발적 운영이 여간 뿌듯한 게 아닙니다.
자기 시간과 물질을 내어 기도하고, 모이고, 결정하고, 시행하고….
너무 감사해서 잠들기 전 가만히 누워 감사기도를 합니다.

이제 얼마 있으면 춘삼월입니다.
교회문화센터 내의 소그룹 활동이 기지개를 켜는 시간이 돌아왔습니다.
족구, 등산, 역사 기행 등.
각 관계자는 운영계획대로 진행할 것입니다.

문화센터에서 주관하는 '광산주부대학'을 개강합니다.
광산구청과 협력하여 진행하는 지역주민의 주부를 대상으로 한
지원사업입니다.
관청과 협력하여 지역사회를 위해 일하게 되어 감사합니다.
여러분들이 지역주민들에게 권면하여 같이 참여해 주시기를
부탁합니다.

우리들의 손길 하나가 지역사회를 위한 좋은 일에 기쁜 것입니다.
이 모든 것이 감사하고, 감사입니다.

2011년 8월 28일

나는 빛과 소금교회 교인입니다

"나는 처음 봤습니다.", "그것이 셀입니까?"
"그렇게 하는 사람들이 진짜 빛과 소금교회 교인이라고 하겠습니다."
"하나님이 그 안에 계시네요.", "진짜 하나님의 가족 같습니다."
"그렇게 해야 하나님 믿고 교회 다니는 맛이 나겠만요."
지난 수요일 밤, 여성 셀을 탐방하고 온 남성 셀 멤버 중에서.

지난주 칼럼에 '프레임'의 한 토막을 언급하면서
사람들을 자기의 이야기에 미래와 현실이 담겨 있다고 했습니다.
같은 사실을 보고 어떻게 말하느냐가 그렇게 된다는 것이지요.

쉽게 보이는데 막상 하려고 하면 안 되는 게 많고,
어려워 보이는데 막상 해보니 되는 것도 많습니다.
셀 모임이 그렇습니다.
어느 쪽으로 생각하고 방향을 잡느냐에 따라 그리됩니다.

요즈음 TV에 「나는 가수다」가 인기몰이를 하는 것 같습니다.
거기에서 패러디를 해서
「나는 빛과 소금교회 교인이다」라는 것을 해 봅시다.

누구냐고 한다면 '셀 모임을 잘하는 사람'이라고 하겠습니다.
교회는 성도들을 위해 존재합니다.
어떻게 해서든지 하나님과 가까이하도록 만들어주는 것이지요.
셀 모임에서 하나님은 나의 방패가 되시고, 힘이 되십니다.
셀 모임에서 하나님은 나의 도움이 되시고, 능력이 되십니다.
제발 홀로 사는 독립군 같은 신앙에서 일어나셔서
하나님의 화염검 안에 들어가십시오.
거기엔 '기적'이 있고 '목숨과 생명을 넘어선 무엇'이 있습니다.

'어리석음을 지혜롭게 할 것이고'
'나의 연약함을 용감하게 하시며'
'약한 나를 강하게 하시며'
'가난한 나를 부하게 하시며'
'눈먼 나를 보게 하시며'

내 안에 계시는 성령께서 나를 인도하실 것입니다.
셀은 생활입니다.
셀은 신앙생활의 윤택함입니다.
셀은 예수 믿는 맛을 알게 합니다.
셀은 「나는 진짜 빛과 소금 교인입니다」를 확인하는 곳입니다.

2016년 7월 10일

하나님 보시기에 좋았더라

올해로 교회설립 25주년을 맞습니다
처음 1991년 7월 플래카드에 내걸었던 내용입니다.
'가장 정상적인 삶을 추구하는' 빛과 소금교회
'여유와 평안을 드리는' 빛과 소금교회
그에 따른 우리 교회의 교회관은 다음과 같습니다.

1. 건강한 교회

건강한 교회는 자연적으로 성장하는 교회입니다.
이 자연적인 성장에는 8가지 질적 특성이 있습니다.
그 질적 특성을 갖고 발전시키는 것입니다.
사역자를 세우는 지도력, 은사중심적 사역, 열정적 영성, 기능적 조직,
영감 있는 예배, 전인적 소그룹, 필요중심적 전도, 사랑의 관계가
그것입니다. 교회는 하나님께서 디자인한 교회로서
하나님의 기쁨이 되는 곳입니다.

2. 건강한 가정

건강한 가정은 하나님이 계시는 집입니다.
"여호와를 경외하며 그의 길을 걷는 자마다 복이 있도다 네가 네 손이
수고한 대로 먹을 것이라 네가 복되고 형통하리로다 네 집 안방에 있는

네 아내는 결실한 포도나무 같으며 네 식탁에 둘러 앉은 자식들은 어린 감람나무 같으리로다. 여호와를 경외하는 자는 이같이 복을 얻으리로다. 여호와께서 시온에서 네게 복을 주실지어다 너는 평생에 예루살렘의 번영을 보며 네 자식의 자식을 볼지어다 이스라엘에게 평강이 있을지로다"
시편 128편의 말씀이 구현되는 가정입니다.

3. 건강한 사회

하나님의 사람들이 하늘백성으로서 세상에서 살아갑니다.
그 세상을 건강하게 하는 것이 우리들의 사명입니다.
"너희는 세상의 소금이니 소금이 만일 그 맛을 잃으면 무엇으로 짜게 하리요 후에는 아무 쓸 데 없어 다만 밖에 버려져 사람에게 밟힐 뿐이니라. 너희는 세상의 빛이라 산 위에 있는 동네가 숨겨지지 못할 것이요. 사람이 등불을 켜서 말 아래에 두지 아니하고 등경 위에 두나니 이러므로 집 안 모든 사람에게 비치느니라. 이같이 너희 빛이 사람 앞에 비치게 하여 그들로 너희 착한 행실을 보고 하늘에 계신 너희 아버지께 영광을 돌리게 하라" (마 5:13~16)
세상의 소금과 빛으로 사는 것입니다.

25주년이 되어 다시 시작하는 교회도 위와 같습니다.
"하나님 보시기에 좋았더라"가 창조에 대한 하나님의 평가였습니다.
우리 교회와 가정과 사회를 향해 "하나님 보시기에 좋았더라"가
우리의 목표입니다.

함께 설립 주일을 맞는 분들에게 진심으로 감사드립니다.

2019년 2월 10일

실로 어마어마한 일이다

또래 집단의 만남도 공감대가 엇비슷해서 좋고요.
같은 나이에 10년 차별 만남도 나름대로 의미가 있을 것입니다.
교회 안에서 얼굴을 봤는데, 데면데면했는데,
조금이라도 그 서먹함을 해소하는 좋은 기재 아닐까요?
30대, 40대, 50대, 60대가 둘레둘레 어울려 보는 것.
같이 인사하고, 차 한잔하고, 서로 필요한 것 채우고,
흔히 말하는 밀어주고, 이끌어 주고입니다.

건강한 교회의 특징 중 하나는
성도 간의 사랑의 교제가 신실하다는 것입니다.
우선 '셀' 모임이라는 것으로 그 한 축이 이루어지고요.
또 '취미 소그룹'을 통해 작게 보완하고,
'나이 별'로 만나 보는 것도 좋고,
'기도 파트너'를 통해서 상호 간의 만남도 있고,
'우리 지금 만나'를 통해서 부부간의 만남도 있고,
'주니어, 시니어 친구'를 통해 세대를 뛰어넘어보기도 하고요.
'나이대별 모임-나모'로 만나보는 것이 그 큰 한 축을 감당할 것입니다.

사람이 사람을 만난다는 것은 정현종 시인의 말처럼
"사람이 온다는 건 실은 어마어마한 일이다.
그는 그의 과거와 현재와 그의 미래와 함께 오기 때문이다.
한 사람의 일생이 오기 때문이다." (정현종 「방문객」 중에서)

그렇습니다.
한 달에 한 번, 잠깐의 만남이 이어져
실로 어마어마한 만남이 될 수 있겠지요.
무엇보다도 나이 드신 분들은 젊은 분들을 만나면 힘이 나지요.
젊은 분들은 나이 드신 분들의 연륜을 배우시고요.

좋은 교회, 여러 방면에서 만들어집니다만
내가 좋은 사람일 때 좋은 교회는 가속이 붙겠지요.
내가 먼저 손 내미는 것,
너희는 먼저 그의 나라를 구하라는 말씀이기도 합니다.
만남은 인생을 풍성하게 하고 여유롭게 합니다.
특히 그리스도 안에서의 만남은.

2022년 1월 16일

성도가 서로 교제하는 것과 _사도신경에서

예배가 공동체여야 함은
단순히 하나님 앞에 예배드리는 공동체만은 아닙니다.
예배에서 만나는 성도들의 만남이 공동체입니다.
성도들의 아름다운 교제 때문입니다.
이 교제는 예배만치 소중한 것입니다.

신앙고백, 사도신경에 나타난 '성도가 서로 교제하는 것'에 대해
「하이델베르그 문답서」 55문은 이렇게 말합니다.

① 모든 성도는 각자 이 교회의 지체로서 그리스도 안에서
   그의 모든 부요함과 은사를 공유한다.
② 각 성도는 그리스도께서 주신 은사로 다른 지체를 섬기고
   풍요롭게 하는 일에 기꺼이 기쁨으로 사용해야 한다.

성도들의 친교나 교제의 차원 이상의 것입니다.
지체(肢體)라 함은 몸의 각각 구성원입니다.
각각의 고유한 기능으로 한 몸을 이루는 것으로
누구도 더 중요하고, 덜 중요하고 하지 않습니다.

있어야 할 자리에 있으면 지체이고, 있는 것만으로도 지체가 됩니다.
그 안에서의 공유와 섬김은 부요함과 풍요로움을 가져다 줍니다.

근 2년간 코로나로 중지되어 왔던 '예배 후 셀 미팅'을
오늘부터 재개합니다.
물론 전체 성도가 예배에 자유롭게 다 나올 수 없는 처지입니다.
아직 코로나 팬데믹 상황인지라
식사는 물론 모임 시에 마스크를 벗을 수도 없습니다.
그러나 대화는 가능합니다.
손잡는 것도 아직은 꺼림칙할 수 있습니다.
주먹으로 하는 인사로, 주먹-주먹으로 연결고리도 가능합니다.

충족하진 않지만, 짧은 교제일지라도
하지 않는 것에 비해 몇 곱절의 유익일 것입니다.
'예배 후 셀 미팅'은 좋은 신앙으로 가는 또 하나의 생명선입니다.
성도와 성도의 연결 또한 영원에 잇대어 가는 길입니다.

2022년 1월 23일

나와 하나님과의 거리는?

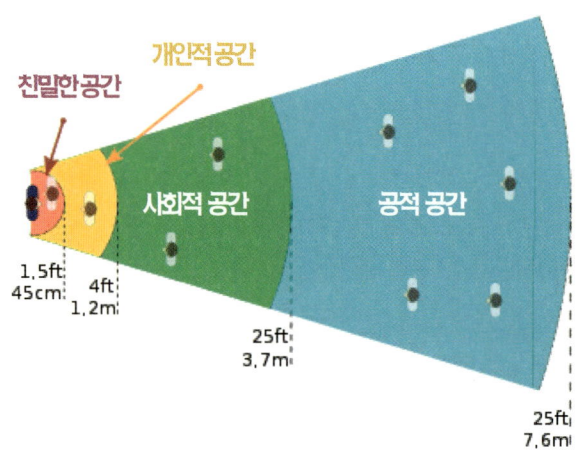

위 그림은 에드워드 홀의 「인간관계 거리」를 나타낸 것입니다.
지금 나는 어느 거리에 있을까요?

코로나 팬데믹 기간에 '사회적 거리 두기'라는 말을 숱하게 들었습니다.
위 그림에 의하면 사회적 공간(Social 2~3.7m)를 말합니다.
그런데 그렇게 예배하다가 하나님과의 거리는
공적공간(Public, 3.7m 이상)은 8미터까지 가버렸습니다.
그쯤 되면 그저 알고 지내는 사이이거나 텔레비전이나 매체를 통해
듣고, 보고, 아는 사이 정도입니다. 하나님과 나….

그동안 동영상으로 집에서 예배하면서
그래도 몸부림친 분들도 계십니다.
그런데 진정한 그리스도 몸의 지체들과는
가까이하기엔 먼 당신이 될 정도가 되지 않았을까요?

이제 우리는 거리를 회복해야 하지 않을까요.
개인적인 거리(Personal, 45.6cm~1.2m) 안으로 오라 하십니다.
잘 보실래요.
나와 하나님과의 거리가 어디쯤 되나요?
나의 지체인 성도(셀 멤버)들과의 거리는요?

진짜 친한 관계는 숨소리 들리고,
흠도 점도 티도 보여도 문제없는
가장 친밀한 거리(Intimate, 45.6cm 미만)랍니다.

그 거리로 초대하는
주일예배이고,
주중 셀 미팅이고,
예배 후 미팅입니다.

*그림출처: 에드워드 홀 「숨겨진 차원」 (The Hidden Dimension by Edward T. Hall, 한길사)

2022년 7월 24일

왜 세대가 융합하여야 하나?

융합(融合)이란 여러 종류의 것이 녹아서 하나로 합침입니다.

세대(世代)란,
  ① 혈통으로 보아 한 대가 다음 대로 바뀌기까지의 약 30년 정도 되는 기간.
  ② 같은 시대에 사는, 비슷한 연령층의 사람 전체

이렇게 사전은 말합니다.

지금 기성세대는 현세대를 구별하는 용어조차도 어렵습니다. 인터넷의 여기저기를 찾아 검색해 보면 X세대(1960년대 후반~1970년대), Y세대-(1980년대~1990년 중반), Z세대(1990년대 중반 ~ 2000년대 중반). 또 MZ세대는 1980년부터 2004년생까지를 일컫는 밀레니얼 'M'세대와 1995년부터 2004년 출생자를 뜻하는 'Z'세대를 합쳐 일컫는 말이라고 합니다.
통계청에 따르면 MZ세대는 2019년 기준 약 1,700만 명으로 국내 인구의 약 34%를 차지합니다. 반면 60세 이상의 인구도 약 20%입니다.

그런데 살아가는 시대는 같은데

세대 간의 삶을 사는 방식은 너무도 다릅니다.
거기엔 같은 현실 앞에 당연함과 서운함이 공존하고,
대수롭지 않음과 중요함이 부딪치고,
결국은 '너는 너대로, 나는 나대로'입니다.

하지만 그리스도인은 세상을 살면서 세상을 살지 않습니다.
이 세상 안에 살면서 '하나님의 나라'를 살아갑니다.
'하나님의 나라'는 하나님 말씀의 통치 아래 있습니다.
하나님의 나라는 서로서로를 향한 사랑입니다.
그 사랑은 세상윤리와 세상통념과 세상유행을 넘어섭니다.

가족공동체이고 신앙공동체입니다.
우리 자녀들의 여름 캠프에 세대 융합의 첫 단추를 끼우고자 합니다.
내 자녀를 넘어서 우리들의 자녀이고, 하나님 나라의 자녀입니다.
우린 그들에게 하나님의 좋은 나라를 보여 주고, 들려주고,
살아가는 하늘 백성인 것이지요.
서로서로, 더불어, 우리는 하나님의 가족입니다.

무엇이 그 연결고리일까요?
근원은 모두가 예수 그리스도를 바라봄입니다.
그분에게서 온 사랑을 흘려보내는 것이랍니다.
금번 '다음 세대 융합캠프'에 숟가락 하나 얹어 봄을 적극 권면합니다.

'예배 후 셀 미팅'은 좋은 신앙으로 가는
또 하나의 생명선입니다.
성도와 성도의 연결 또한
영원에 잇대어 가는 길입니다.

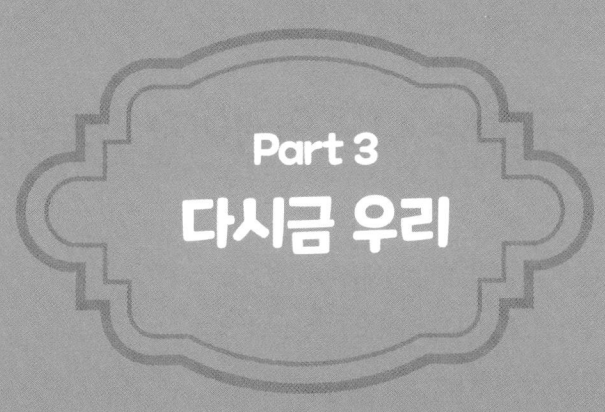

Part 3
다시금 우리

2022년 8월 28일

빛과 소금교회는 나의 영광이자 기쁨입니다

이렇게 말하면 너무 자고(自高)해 보이나요?
그래도 누군가에게 비난과 비아냥을 받는다 해도
당당하게 말할 것입니다.
OOO장로님, OOO권사님, OOO집사님,
당신들은 저의 영광이자 기쁨입니다.
주 앞에 서는 날, 저의 자랑거리가 될 지체들입니다.

8월 23일 아침 7시경에 이런 문자 하나를 받습니다.
 '목사님은 우리교회의 자랑이십니다.
 목사님이 우리 목사님이라서 참 좋아요~ㅋ
 적어도 저에게는 그렇습니다.'

아마도 그날 아침 데살로니가 말씀묵상에서
 '~ 이 분들은 우리 교회의 자랑입니다.
 정말 열심과 최선을 다하십니다.
 ~로서(장로•권사•집사•성도) 우리 교회의 본이 됩니다.'라는
내용을 들으신 뒤에 아름답고 고운 분께서 보내주신 것 같습니다.

너무 감사해서 최대한 약소하게
'10,002, 10,002 해피한 아침입니다.'라고 답신을 했지요.
고맙습니다. 사랑합니다.

"하나님께 감사함은 들은바 하나님의 말씀을 받을 때에
사람의 말로 받지 아니하고 하나님의 말씀으로 받음이니"
(살전 2:13)

그렇게 말씀을 받아들이신 분들의 반응에도 감사입니다.
지난 주일에 "오늘 주신 말씀은 사랑하는 자녀들에게 반드시 직접 전달하거나 먼데 있는 자에게는 전화로 하고 결혼을 했거나 안했거나 초등학교 5학년 이상이면 전합시다."라고 했는데 전달하신 분들이 그리하셨다 싶습니다.

금주는 매일 아침 엘가의 '위풍당당 행진곡'을 들을 것입니다.
　"큰 꿈과 이상 가슴에 안고 다 같이 나가자
　 내일의 희망 안고 다 같이 나가자 아름다운 세상 향하여
　 큰 꿈과 희망 가슴에 품고 어려움과 시련 헤쳐 나가자
　 내일의 희망 안고 아름다운 세상 향하여" (트리오 부분의 가사에서)

행진곡을 들으면서 내일의 빛과 소금교회를 볼 것입니다.
저의 영광이자 기쁨인 빛과 소금교회와 지체들을 즐거워하겠습니다.
어쩌면 이 행진곡은 오래 들을 것 같습니다.
같이 들으신다면 함께 행진하는 대열에 위풍당당하게 걸을 것입니다.

1999년 9월 5일

차 이름 '점심 한 끼', 오, 예스 센터(Oh, Yes Center)

35인승 중형버스의 차 이름이 '점심 한 끼'입니다.
속담에 티끌모아 태산이라고 합니다.
2천 년 전, 오병이어(熬餠二魚)의 기적은
한 소년의 점심 한 끼에서 시작합니다.

우리가 차량을 산다고 교인을 실어 온다는 표현을 듣기는 싫습니다.
오고 싶은 분을 모시고 오는 차량이어야 합니다.
가고 싶은 교회인데 차량이 여의치 못할 때는 언제나 전화주십시오.
요즈음 제가 좋아하는 광고는 "고객이 OK 할 때까지"라는 말입니다.
어느 기업의 광고이지만 교회도 그렇게 가야하지 않을까요?
하나님이 OK 할 때까지와 교우들이 원한다면
언제나 OK 하는 교회.

한 달 전, 노봉남 교수의 강의 중
전남대학교에 오! 예스(Oh! Yes)센터가 있다고 했습니다.
우리 교회도 그런 부서 하나 있었으면 좋겠습니다.

그런 모든 것의 결재는 하나님께서 OK 하실 때이고요.
그런 의도에서 우리는 점심 한 끼의 기적을 보자는 것입니다.
(현재 참여자 49명)
그런 의도에서 우리는 교회 중형차량을 사고자 합니다.

주일날 교회에 오시고 싶은 분 누구라도 자신 있게 차량을 부르십시오.
우리는 짜장면 한 그릇을 배달하는 정신을 가져야 하지 않을까요?

그러나 중형버스를 산다고 다 해결되는 일은 아닙니다.
주일, 수요일, 주일 밤 언제든지 교우가 원한다면 달려가는
Oh! Yes 또는 OK 하면서 달려가는
「오! 예스 센타」의 자가용 일꾼도 필요합니다.
근무 기간은 한 달입니다. 연장은 본인의 의사에 따르지만 한 달입니다.

그래서 성도 누구라도 예배에 오고자 하면 출발지에서부터 교회까지
그리고 예배를 마치면 다시 출발지가 아닌
원하는 목적지까지 모셔다 드리는 일입니다.

일꾼을 찾고, 이용하실 분을 찾습니다.
서로가 하나이기에 나누는 은혜입니다.

2007년 2월18일

10년 전 약속, 설 선물

느닷없는 전화 한 통입니다.
그분은 10년 전에 우리 교회에 등록은 안 하고 출석만 하셨답니다.
그러니까 부영아파트 상가(현재의 한강부부치과)에 교회가 있었을 때입니다. 이후 그분은 서울로 이사를 가셨다가 지금은 다시 광주 근교로 내려오셨답니다.

그런데 그 당시에 교회 건축헌금을 작정하셨답니다.
100만 원을 작정했는데 10만 원씩인가 두어 번 하고
그 뒤로 못하셨답니다. 그때 서울로 전근을 가셨고요.
그때 못한 건축헌금이 언제나 마음에 걸렸다고 합니다.
그래서 지금이라도 하시겠다고 계좌번호를 불러 달라는 것이었습니다.
10년 전의 약속을 지키신 것입니다

한참 오래전 일이지만
우리 교회에 출석하시다가 지금 교회를 건축할 무렵에
서울로 전근 가셨는데 그로부터 5년이 지난 뒤에
천오백만 원의 십일조를 보내오신 분도 계셨습니다.
현재 본인의 교회에 천오백만 원을 하시고,

예전의 교회에도 하시기로 했다며
절대로 말하지 말라고 하십니다.
오히려 자기가 받은 은혜에 비하면 작다 하시면서.

나도 아주 오래 전 군에 입대하기 전에 건축헌금을 작정했는데,
그 헌금을 완수한 것은 10년이 지난 뒤였고
얼마를 작정한지조차도 잊어버렸기에
그냥 얼마일 것이라 하여 10년 지난 뒤에 보내드린 적이 있습니다.
10년 전, 등록 교인도 아닌 그분이 마음에 작정한 것을 하신 그분.
지금은 다시 광주 근교에 지방에 내려오셨답니다.
자꾸 죄송하다고, 미안하다고 하시는 데 전화 받는 내가 송구했습니다.

약속!
교회에 헌금하겠다고 작정하신 것을
하나님과의 약속으로 여전히 가지고 계셨습니다.
하나님과의 약속을 소중하게 간직하고
기어이 약속을 지킨 그분이 귀한 분입니다.
이번 설날에 그분에게 '고맙습니다' 하면서
감사하고 고마운 몇 분들에게 작은 선물을 기쁨으로 준비하겠습니다.
10년 약속을 지키신 분에게 진심으로 감사드립니다.
금액이 문제 아닙니다. 약속입니다.

"사람이 여호와께 서원하였거나 마음을 제어하기로 서약하였거든
　파약하지 말고 그 입에서 나온 대로 다 행할 것이니라" (민 30:2)

2012년 5월 27일

여유와 평안이 있는 교회

이솝 우화에 재미 삼아 "늑대가 나타났다!"라고 외친 소년의 거짓말에 두 번이나 속은 마을 사람들이 정말 늑대가 나타났을 땐 소년의 외침을 무시합니다. 결국 양들이 모두 늑대에게 잡아먹혔다는 이야기가 있습니다. 그래서 거짓말을 잘하는 사람을 일컬어 '양치기 소년'이라고 합니다.

처음 수완지구로의 예배당 이전 꿈이 무산된 2009년 5월 이후로 4년이 지났습니다. 그동안 기대와 노력과 기도가 순식간에 무너졌을 때 낙망이었습니다. 그 후에 부지를 선정하는 데 있어서 여기저기 혼선을 빚었습니다. 본의 아니게 양치기 소년이 되었습니다. 마음이 앞서고 여러분과 같이 이루어 가고 싶은 욕심에 이랬다저랬다 했습니다. 바뀌고, 바뀌고, 또 바뀌니 쉬이 믿을 수 없었겠지요.

모든 여건이 맞아야 하는데 믿음과 뚝심만 가지고는 할 수 없었습니다. 그간 예배당 이전의 가장 큰 요소인 현재 장소의 매각이 한 중심에 있었습니다. 하나님의 인도, 이전 장소, 현지 매각, 매입, 자금, 미래 지향성, 모두가 맞물려 있어 어느 톱니바퀴 하나가 모가 나면 바로 삐걱거리고, 전체가 정지되었습니다. 그동안 이래저래 기대와 실망을 반복하신 분들에게 고개 숙여 사과를 드립니다. 양치기 소년이 되어버린 것에 대하여 참으로 송구합니다.

수완지구로 이전 계획이 허무하게 무산된 이후 여기저기 소용돌이에 있었습니다. 수완동, 도천동, 선암동 그리고 신용동. 드디어 신용동에 확정하고 부지계약을 했습니다. 그리고 현재의 교회도 다른 교회로 매각이 되었습니다. 이제 건축을 위한 기도와 설계에 들어가고 설계가 나오는 대로 건축에 착수할 것입니다.

현재의 위치에서 거리는 10km나 떨어진 먼 곳입니다. 여러 여건을 조합해서 가장 단점이 '거리'였지만, 그 거리를 극복할 수 있는 믿음이 우리 성도들에게 있다고 믿고 결정했습니다. 먼 거리로 불편하신 분에게 최대한의 대책을 다각도로 강구하겠습니다.

하나님 보시기에 좋은 교회,
내가 보기에도 좋은 교회,
누구에게 자랑할 수 있는 교회,
행복한 가정과 신앙을 추구하는 교회,
여유와 평안을 누리는 교회
그런 교회를 같이 만들어 가는 데 함께 갑시다.
웅대하진 않지만, 여유와 평안이 있는 교회를 지어갑시다.
거리는 멀지만 마음이 멀지 않았으면 하는 기도를 합니다.
혹 마음은 멀지라도 주님을 향한 신앙이 멀어지지 않기를 기도합니다.
그리고 부탁드립니다.

2012년 6월 10일

기꺼이

우리 교회가 신용동 교회 건축을 준비하는 과정에
말씀묵상 '매일성경'은 구약의 '역대상'을 묵상하게 되었습니다.
일부러 그렇게 하려 하는 것은 아니었지만
교회 건축에 중요한 지침들을 성경을 통해
지시받았던 아주 세밀한 주님의 간섭하심이 있었습니다.
이것을 주일날 의도적인 설교가 아닌
말씀의 인도함을 자연스러움으로 받았습니다.
이것은 우리 성도들에게 주시는 분명한 메시지였습니다.

우리가 지을 교회는 화려하고 아름답지 않습니다.
최대한 검약하고 절제하여 누구에게나
여유와 평안을 주는 건물이 될 것입니다.
장년도 중요하지만, 다음 세대는 더욱 중요합니다.
교회 공간은 우리 성도들만의 것이 아닌 지역사회와 함께해야 합니다.
우리 성도는 누구나 자원함으로
기쁨과 즐거움으로 참여하도록 해야 합니다.
그것을 기조로 하여 지어지는 아름다운 교회가 될 것입니다.
이를 위해 우리의 준비물은 '기꺼이'라는 단어입니다.
기꺼이 교회를 기도로 짓기 위하여 시간을 '기꺼이' 헌신합시다.

마음을 모아 교회를 짓기 위해 물질을 '기꺼이' 헌신합시다.
자기 삶의 형편과 믿음에 따라서 드리는 것이 원칙입니다.

그러나 이런 제안을 해 봅니다. 거룩한 부담을 지자. 조금은 분에 넘치게, 조금은 과하게, 약간은 힘에 부치게 합시다. 나는 평생에 빚이 없는데 하나님 때문에 기꺼이 빚을 진다는 각오로 말입니다. 하지만 어디까지나 본인 자신의 자발적인 심령이 우선입니다.

"교회 건축을 위해 제가 할 수 있는 것이 무엇인지 목사님의 말씀을 들으며 생각하게 되었습니다. 작은 물질이지만 제게는 너무도 소중한 물건입니다. 제가 결혼 후, 처음 맞는 시어머님의 생신에 저의 친정어머니께서 인사로 드리신 금을 저희 시어머님께서 보관하시다가 제가 아이들을 낳고 키우는 모습을 기특히 보시어 이번에 주신 선물입니다. 제가 보관만 하게 되는 것보다 마음만 받고 귀한 곳에 잘 쓰이기를 바라며 조심스럽게 전합니다. 저희 아이들을 위해서라도 좋은 교회 건축되기를 늘 기도하겠습니다. 추신: 저희 신랑도 동의했습니다."
_한 살배기 아이를 둔 평신도의 헌신 편지

교회를 건축하는 것이 분명 성도들의 짐이지만
가볍게 지고 기쁘게 지기를 소망합니다.

"서로 격려하며 서로 사랑하며 서로 대접하며
  하나님의 공급하시는 힘으로 하라" (벧전 4장)

2013년 9월 22일

기도를 부탁합니다

그리스도인들에게서 가장 튼튼한 기본기는 말씀과 기도입니다.
그런데 그 기본기가 충실하지 못하면 유약합니다.
성도 간에 병든 자를 위하여 기도하는 것과 교회를 위한 기도는
자신의 건강함과 내 가족의 건강을 위해 기도함과 같습니다.

치유하시는 하나님을 "여호와 라파"라고 합니다.
지금도 하나님은 교회를 통해서 치유를 행하십니다.
예수님께서는 그분의 말씀과 손으로 병든 자를 고치셨습니다.
지금은 자기 몸인 교회를 통하여 치유하십니다.
이 일은 교회 안에 병 고침의 은사를 가진 자들과
동료 성도들의 기도와 영적 지도자들을 통해서 하십니다.

또 "다른 사람들의 믿음의 기도"를 통해서도 고치십니다.

예를 들어
　친구들의 믿음을 보시고 중풍 병자를 고치시고(막 2:5)
　아버지의 믿음을 보시고 아들을 고치시고(요 4:46-54)
　어머니의 믿음을 보시고 딸을 고치시고(막 7:24-30)

상관의 믿음을 보시고 하인을 고치셨습니다(마 8:5-13)

지금 우리 교회는 여러분의 기도가 필요합니다.
무엇보다 교회를 새로 건축 중입니다.
건축의 전 과정을 하나님께서 직간접으로 인도하여 주시라고요.

지금은 골조 공사를 마치고 내부 공사를 진행 중입니다.
이곳 성도들이 요동함 없이 함께 가실 수 있도록
기도해 주십시오.
새로 건축하는 교회에 필요한 비품들이 채워지도록
기도해 주십시오.
건축 재정을 위해서도
기도해 주십시오.
옮겨가는 교회가 하나님이 심히 기뻐하시는 교회가 되도록
기도해 주십시오.
교회의 이사 일정과 공사가 원만하게 이루어지도록
기도해 주십시오.

새벽에, 금요일 밤에 같이 기도를 부탁드립니다.
중직자들의 연륜 있는 믿음을 보여 주십시오.
젊은 성도들의 젊고 패기 발랄한 믿음을 보여 주길
간곡히 부탁드립니다.

2013년 10월 6일

이런 교회가 되게 해 주소서

지난주 신용동 건축 현장 기도회에 오신 분들이 함께 기도할 때 "하나님, 우리 교회가 이런 교회가 되기를 원합니다!"라고 각자가 원하는 교회를 말씀드렸습니다.

　한번 온 이가 또 오는 교회
　한번 온 성도는 천국까지 같이 가는 교인
　우리 교회가 있으므로 지역이 밝아졌다는 소리를 듣는 교회
　어린아이들이 즐거워하는 교회
　기쁨과 풍요로움이 있고 여유와 즐거움이 넘치는 교회
　근처에 주민들 1/3이 빛과 소금교회를 다니는 교회
　조경이 아름다워 정말 멋이 있다고 하는 교회
　유치부 아이들이 어른들을 알고 어른들도 아이들을 아는 교회
　봉사를 서로서로 잘해서 서로 미루는 일이 없는 교회
　낮은 일 궂은일을 잘하는 교회로 전국 교회가 탐방하는 교회
　공동체 안에서 말과 행동이 하나 되는 교회
　목회자가 행복한 교회, 성도들이 교회를 오고 싶어 하는 행복한 교회
　항상 젊은 세대들가 주역이 되고 서로 밀고 끌고 덮어주는 교회
　찬양이 힘 있게 퍼지는 교회

지역에 좋은 소문으로 자발적으로 찾아오는 교회
　사회에서 성실도가 높아 어디서나 빛과 소금의 역할을 다하는 교회

덧붙이면
교회의 본질인
영혼 구원과 말씀과 찬양과 경배가 살아 있고
영감 있는 예배가 드려지는 교회입니다.

성도들의 가정이 하나님이 지으신
작은 에덴동산이 되는 것입니다.

교회 안의 작은 교회인 소그룹 공동체가
그리스도의 목적을 향해 전진하는 것입니다.

하나님이 주신 자녀들이 그리스도 안에서 장성하는 교회입니다.
교회 안팎(가정과 일터)에서 기도가 바탕이 되는 교인이요,
위아래를 향한 모든 성도가 기도 사역자가 되는 것입니다.
날마다 하나님의 말씀을 맛있게 먹고 활기차게 살아가는 교회입니다.

2013년 12월 22일

여한(餘恨) 없는 여러분입니다

부족한 환경이 계속입니다.
예배당도, 주차장도, 식사도 어느 것 하나 온전하지 못합니다.
그런데 모두가 최상이고 최선입니다.
지금 우리의 처지와 형편에서는 그야말로 최적입니다.
종이컵 하나에 밥을 담고, 국을 붓고, 깍두기나 김치를 얹은 식사는
어느 분의 말씀에 6.25이래 이런 난리도 없다 하십니다.

지난주 처음 예배에 오신 분은
이 상황에서 '최고입니다!'라고 하십니다.
아이들도 평소에 이렇게 먹어본 적이 없을 것입니다.
시래기 된장국, 미역국, 소고기뭇국, 애호박국 등.
준비한 분들의 수고는 옆에서 보면 눈물 날 지경입니다.
이 집 저 집에서 밥하고, 국 준비해서 실어 오고,
겨울철 오전 한(寒) 데서 준비한 식사.
야외서 서서 후루룩하시는 분.
서서 두세 사람 얼굴 맞대며 드시는 분.
식탁 없이 의자에서 서넛이 둘레둘레 드시는 분.
진풍경이 펼쳐지는 데 왜 그리 흐뭇하고 고마운지 모릅니다.

준비하시는 분들에겐 엎드려 절을 해야 할 정도도 고맙고,
그 부족한 음식을 싫은 소리 한마디 없이 드시는 분들에게도
작은 가슴 가득 벌려 안아주며 등 토닥이며 감사하고 싶습니다.

예배당 환경도 두고두고 잊지 못할 감사입니다.
어느 분 말씀처럼 이곳이 좋아
나중에 지어진 본 예배당 가지 말자 할지 걱정이 됩니다.
'지금 비상시국, 임시 시국이니만큼 이 정도만 합시다.'라고 하는데도
'아닙니다, 이럴수록 여기서 최고를 다해야 합니다.'라는 말과
시간 내서 몸을 드려 준비하고, 또 준비하는 모든 분에게
눈물이 나도록 고맙습니다.

방송팀도, 예배팀도, 교회 관리팀도, 주방팀도 모두
한편의 예배를 위한 '힘써' 드리는 아름다움입니다.
또 예배에 오시는 분들도, 먼 거리에 왔음에도
여전히 모든 분이 함께했습니다.
그 얼마나 아름다운 모습인지 감격스럽습니다.
예배드리는 별처럼 빛나는 눈동자에
오히려 온전히 준비하지 못해 정말 죄송합니다.
사랑하는 여러분,
여한(餘恨) 없는 여러분입니다.

2013년 11월 3일

감사, 감사 그리고 감사

1997년 11월에 첫 삽을 뜨고 건축을 시작했습니다.
그리고 1997년 12월, 국가 초유의 IMF 사태를 맞이했고,
1999년 4월 부활절 예배를 드린 것이 우산동 660-1번지였습니다.

그리고 2013년 11월 3일 마지막 예배로
신용동으로 신축하여 이전을 하게 되었습니다.
그동안 참 감사의 나날이었습니다.

처음 우산동에 올 땐
하늘엔 비행기가 날고, 옆길에 기차가 달리고,
근거리에 80미터 광로이지만 농로를 유지한
갓길 없는 2차선의 들판 옆의 교회에 찾아오기엔
조금은 옹색한 지역이었습니다.
그럼에도 여러 성도가 찾아오고 섬겨 주었습니다.

개척 후, 7년 안에 오신 분이 우산동 시대의 개척 멤버가 되어 주셨고,
이제 그 후에 오신 분들과 같이 모두가
신용동 교회의 개척 멤버가 됩니다.

이제까지 20여 년 동안 예배하게 하신 주님께 진심으로 감사드립니다.

그동안 개척 14년째에 이전 계획을 세웠으나 무산되었습니다.
그러나 무산된 것도, 지금을 허락하신 것도
주님이 하셨습니다.

우산동 시대를 마감하면서
한결같이 교회를 섬겨주신 분들에게 진심으로 감사드립니다.
아직 완공하지 않는 채 이사를 하지만(12월 완공 예정)
신용동 시대를 맞아
더욱 주님의 마음에 흡족한 건강한 교회로 전진합시다.
건강한 가정과 건강한 사회를 이루어가는 건강한 교회로.
하나님 보시기에 좋은 교회는 좋은 성도를 이루어 가는 것입니다.

누가 할까요? 바로 나입니다.
우리 모두 같이 이루어가는 것입니다.
건강한 신앙을 이루어가는 빛과 소금교회.
우리 모두에게 여유와 평안을 드리는 빛과 소금교회.
그 교회의 주인공이 됩시다.

2014년 3월 13일

우리는 모두 소중하고 귀중합니다

이번에 집을 지으면서 보니 바닥을 깊게 파는 일부터 시작되었습니다.
큰 건물이 흔들리지 않도록 20미터가 넘는 콘크리트 파일을
땅속 깊이 박았습니다.
철근을 엮고, 세우고, 콘크리트 무게를 버티도록 거푸집을 만들고,
콘크리트를 부었습니다.
그리고 굳기를 기다리고, 다시 그 작업을 매 층마다 합니다.
철근을 엮는 것은 의외로 가느다란 철사이고
거푸집을 싸는 데는 수많은 못이 들어갑니다.
여기엔 나무(판자)가 수도 없이 사용됩니다.

그 골조를 단장하고 각각 용도에 따라
공간을 나누어 벽돌을 쌓는 조적 공사를 합니다 .
벽돌 한 장 한 장 쌓고, 미장을 하고,
모든 공간에 필요한 작업들이 진행됩니다.
돌을 붙이는 작업, 타일을 깔거나 붙이고,
창호에 창문을 넣고 문을 달고,
골조를 감싸는 수장 작업을 합니다.
나무로, 석고로 페인트를 칠하고 타일을 붙이고,

계단을 단장하는 인테리어 공사를 합니다.
불 밝히는 전기를 넣고, 수도공사를 하고, 가스공사를 하고,
소방시설이 붙고, 엘리베이터를, 화장실을, 식당 시설을 하고…

거기에 주차할 수 있는 바닥을 다지고, 철근을 깔고, 콘크리트를 깔고,
그 위에 아스팔트를 깔고, 주차 라인을 긋습니다.
주위에 나무를 규정에 따라 심습니다.
이 모든 것은 법 아래서 이루어지고, 수치로 산정이 됩니다.
함부로 된 것은 아무것도 없습니다.

우리는 이렇게 모두에게 기대어, 연하여 있는 버팀목이고 힘입니다.
누구 한사람 귀하지 않는 이가 없고, 중요하지 않는 분이 없습니다.
지금 나는 한 개의 못일 수 있고, 벽돌일 수 있고,
땅 밑에 가린 파일일 수 있고, 눈에 뵈는 화려한 외장일 수 있고,
우뚝 선 기둥일 수 있습니다. 누구는 배관일 수 있고, 전기선일 수 있고,
누구는 바닥이어서 맨날 밟고 갑니다.
불빛을 받거나 화려함 뒤에는 수많은 것이 연하여 있는
내가 있는 것입니다.
누구도 제일이 될 수 없습니다.
반드시 어느 때 어느 장소에 쓰임 받는 도구입니다.

소중하고 귀중한 사랑하는 성도 여러분,
우리는 모두 서로에게 그렇게 힘이 되는 소중한 성도입니다.

2014년 4월 6일

갈색 십자가

건물 꼭대기에 십자가를 걸었습니다.
처음엔 조금은 숨어있고, 어딘지 비인 십자가로.
그리스도의 비하(卑下)를 드러내고 싶었는데
그래서 네모 안에 십자가를 넣고,
한쪽은 모서리에 닿지 않도록 했습니다.
그런데 아예 눈에 띄지 않아서 옷을 입혔습니다.
밤이 되면 은은한 빛으로 드러나게 했습니다.

그리고 양 옆에도 갈색의 십자가를 걸었습니다.
역시 겸손한 그리스도를 표현한 것이고
십자가에 달리신 그리스도 형태의 십자가 틀입니다.
위용(偉容)이 아니라
힘들고 지친 어두운 삶에 소망(所望)이 되는 십자가입니다.

이제 오늘 밤 십자가에 불을 밝히는 예배를 드리고자 합니다.
가족예배를 마치시고 부담없이 편안한 마음으로
5층으로 천천히 걸어오십시오.
골고다 언덕에 오르신 예수님을 상기하면서.

한 계단 한 계단 우리에게 새로운 교회에 주신 은혜에 감사하면서.
그냥 불 밝혀도 되겠지만 드디어 대외적으로 교회가 있다는 것과
예배를 드린다는 것을 간접적으로 알리고자 합니다.
그리고 빛으로 오신 그리스도,
하늘의 영광을 버리고 낮아지신 그리스도를
세상에 알리고자 하는 의미를 담습니다.

아울러 일 년 동안의 건축이 완료되었음에 대한
작은 상징이기도 합니다.
또 기도와 헌신으로 교회건축에 함께해 주신 성도에게 감사함으로….
우리가 세상의 빛과 소금의 역할을 감당하고자 하는 재다짐으로….
십자가 점등의 기도예배를 소박하게 드리고자 합니다.
그저 시간 나시면 오셔서 봄밤 하늘 아래 같이
은은한 찬양으로 영광을 돌리시게요.

그렇게 가끔은 그 십자가 아래서 은은한 찬양과 기도로
예배를 드리고 싶습니다.
이름하여 십자가 묵상이 되겠지요.
내가 가진 아픔과 슬픔, 억울함과 힘겨움, 잘못된 교만과 자만심,
나를 얽고 있는 자존심과 고집, 완악함과 부끄러움,
부지불식간의 죄악들.
갈색 십자가의 그리스도를 바라봄으로 나를 만져주시기를 바라는
또 하나의 'Touch Center'이기를 바랍니다.

2014년 5월 18일

신용동 시대의 시작

재작년 초겨울 11월 18일,
버섯모양의 흙담 카페를 뒤로 하고 예배하고,
작년 초겨울 11월 10일, 공사먼지가 풀풀일던 때
급조했던 2층 한 장소에서 예배하고,
장기전이 될거라는 판단으로 시멘트먼지 일던
1층에 판넬 작업 후 임시처소 4개월을
쌩쌩부는 겨울, 질컥한 땅, 좁고 혼잡한 곳에서 은혜로 보내고
금년 3월 9일, 미완성된 3층 예배당으로 감격으로 들어오고,
그리고 4월 20일, 부활절에 입당을 하고,
드디어 5월 18일, 주일에 공식적인 신용동 시대가 시작됩니다.

사랑하는 성도님들
여러 가지 불편을 감수하고도 이말 저말 하지 않으시고,
격려해 주시고, 위로를 주셨던 많은 성도님들….
물심양면 이모저모로 수고한 당회원들과 중직자들,
건설에 함께 한 백두산업건설과 여타의 공사업체들,
모두에게 진심으로 감사함을 드립니다.
남은 몇 가지의 공사들이 남아 있으나 하나하나 완성해 갈 것입니다.

상당히 먼 거리임에도 우리 성도님들
구태여 숫자로 치면 99.5%가 같이 오셨습니다.
얼마나 감사한지 이루 말할 수 없습니다.
이는 모두 여러분이 서로서로 힘을 주고받으며 격려함에서 왔습니다.

이제 빛과 소금교회 신용동 시대를 시작합니다.
하나님을 믿는 즐거움과 기쁨이 있고, 가정에 행복이 있으며,
어디서나 하나님의 사람으로 당당한 빛과 소금교회를
예나 지금이나 하나님 안에서 여유와 평안을 누리고
세상에 빛과 소금이 되는 교회이기를
그래서 건강한 교회, 건강한 가정, 건강한 사회를 이루어가는
교회되기를 기도합니다.

이제 몇 가지를 당부합니다

예배와 소그룹과 가족교회에 충실한 성도가 되어 주십시오.
황금률을 실천하는 성도가 되어 주십시오.(마 7:12)

하나님에게나 세상 사람들에게나
신용이 확실한 빛과 소금 교인이 됩시다.

2021년 8월 8일

신용동 시대의 영웅들

2013년 11월 겨울이 접어들 무렵에 이사를 했습니다.
2014년 5월 드디어 관청으로부터 준공필증이 나왔습니다.
그리고 이곳에서 하나님의 자녀들이 한 분 한 분 오셨습니다.
종종 그런 구별을 합니다.
한성 시대, 부영 시대, 금호 시대, 우산동 시대, 신용동 시대라고.
즉, 다섯 번의 이사를 했습니다.
개척준비 시대, 태양 시대도 있었습니다.
모두 교회 곁에 있는 아파트 이름에서 시대를 따왔고,
건축물이 있던 때는 동 이름에서 따왔습니다.
그때그때마다 주님의 백성이 채워져 왔습니다.
현재 신용동 시대는 이제 만 6년이 되어 갑니다.

우산동 시대에서 신용동으로 올 때
우산동 성도들 99%가 같이 왔습니다.
누군가가 그랬답니다. 그 교회 공산당 아니냐고….
어떻게 교회를 건축하는 과정에,
아니 교회가 저 멀리 이사를 했는데도
99%나 따라올 수 있느냐고요?

그분들 진짜 티 안 내고 지금까지 사랑으로,
사랑으로 섬겨 주셨습니다.
아예 미리 이사 오셔서 준비하신 분들도 계셨습니다.
감사하고 감사했습니다.

그리고 이곳 신용동 시대에서 빛과 소금교회 성도가 되어주신 분들.
6년 동안에 참 고마운 분들을 하나님께서 보내 주셨습니다.
이질감 없이 편 가르기 없이 교회 공동체의 일원이 되어 주셨습니다.
그래서 교회 공동체의 리더로 일선에서 함께하시는 분도 많습니다.
그렇게 앞에서 끌어주고 뒤에서 밀며 자연스럽게
예배~가정~소그룹 공동체로 하나 되었습니다.
그래서 신용동 시대에 오신 분들이 더욱 고맙습니다.

이제 어떤 급변하는 세상에서도 흔들리지 않는
하나님 나라의 삶을 살도록
마치 "그물에 걸리지 않는 바람처럼, 소리에 놀라지 않는 사자처럼"*
더욱 분명한 빛과 소금 공동체를 세워 갈 것입니다.
신용동 시대를 열어가는 귀한 성도들이 앞장설 것입니다.
신용동 시대에 동행해 주신 아름다운 분들에게 진심으로 감사합니다.

*수타니파타(Suttanipata) 중에서

예나 지금이나 하나님 안에서 여유와 평안을 누리고
세상에 빛과 소금이 되는 교회이기를

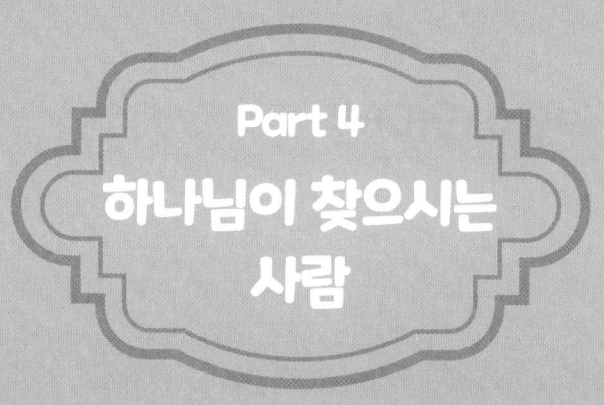

2000년 4월 23일

만일 부활이 없다면

"만일"이라고 하는 말은 도저히 있을 수 없는 상황을
가상적으로 생각하거나 말할 때 쓰이는 말입니다.
그러니까 만일 죽은 자의 부활이 없으면 이라고 한 말을
반대로 말한다면
죽은 자의 부활은 반드시 있는 일이고
기정사실이라는 뜻이 되는 것입니다.

석가모니, 마호메트, 공자 등은 모두 무덤이 있습니다.
그러나 예수 그리스도의 무덤은 없습니다.
무덤이 있었지만 빈 무덤입니다.
왜냐하면 예수님은 부활하셨기 때문입니다.
기독교는 영원한 생명의 종교입니다.
그 반대로 다른 종교는 죽음의 종교이고
도덕과 윤리만을 강조하는 사회성 종교입니다.
기독교 역사상 수많은 성도가 고난과 핍박과 역경을 당하였지만
죽음까지도 웃음으로 받아들였습니다.
그것은 예수님의 부활을 믿고 자신의 부활을 믿었기 때문입니다.

"만일 죽은 자의 부활이 없으면 그리스도도 다시 살지 못하셨으리라.
그리스도께서 다시 사신 것이 없으면 너희의 믿음도 헛되고
너희가 여전히 죄 가운데 있을 것이요"
그러면 만약 부활이 없다면 어떤 일이 일어날까요?

우리가 전도하는 것도 헛된 일이요,
우리의 믿음도 헛된 일이 될 것입니다.
또 하나님의 거짓 증인, 즉 거짓말쟁이가 됩니다.
그러나 예수님은 성경대로 3일 만에 다시 살아나셨습니다.
이 사실을 믿는 모든 자에게도 부활의 약속이 된 것입니다.

모든 사람 가운데
우리 그리스도를 믿는 사람들이 가장 불쌍한 사람들이라고 하였습니다.

"만일 그리스도 안에서 우리의 바라는 것이 다만 이 세상의 삶 뿐이면
 모든 사람 가운데 우리가 더욱 불쌍한 자니라!" (고전 15:19)

우리 그리스도인들이 부활의 소망이 없다면
예수를 믿을 필요가 없습니다.
그러나 예수께서 부활의 첫 열매가 되셨기에
그를 믿는 모든 성도가 부활의 소망을 얻게 된 것입니다.

2000년 4월 30일

우짜든지 우리 교회가 부흥성장하고

우리 교회 최고령 82세의 집사님을 방문했습니다.
거동이 자유롭지 못해 교회를 주일 낮에만 오십니다.
그런데
"아적마다 기도하요. 우짜든지 우리 목사님 단 위에서 서서
말씀 선포하실 때
말씀 충만하시게 해 달라고 기도하고,
우짜든지 우리 교회 부흥성장 하라고 기도하고,
우짜든지 장로님, 안수 집사님 건강하여
주님 일 잘 감당하시라고 기도하요."
이 말씀을 주셨습니다.
방문하여 말씀을 주러갔다가 말씀을 받아 왔습니다.

그런 생각을 했습니다.
'아, 내가 오늘 이리 이만치라도 된 것은
모두가 나의 나 된 것이 아니라 다 주님의 은혜로구나…
이렇게 아침마다 기도해 주시는 분들 때문에
교회가 부흥하고 발전했구나' 하고

지금도 매일 밤마다 중보기도실에서 작게는 두 분,
많이는 육칠 명의 기도용사들이 기도하고 있습니다.
그 기도의 용사들이 지금 이 교회의 연료입니다.
교회와 교인들을 위하여 기도의 불을 끄지 않고 계십니다.
작지만 그 작은 기도의 불꽃이 이 교회를 세워갑니다.

정말 감사합니다.
무엇이든 기도가 필요하시면 말씀하십시오
응답이 될 때까지 날마다 기도해 주실 불꽃들이 있습니다.

2000년 10월 29일

마음을 푸십시오

사람에게는 돌아오지 않는 네 가지가 있답니다.
뱉어버린 말, 쏘아버린 화살, 지나간 세월,
게으른 탓으로 놓쳐버린 기회가 그것입니다.
이 가을에는 지난 봄, 여름에 내가 얼마나 게을렀는지를 돌아보고,
지나간 세월을 아쉬워하고,
나의 작은 말 한마디에 상처 입은 사람들이 얼마나 될까를
생각해 봅니다.

설교란 때론 묘한 것이어서
앞뒤를 듣다보면 무엇을 말하려고 하는지가 분명할 터인데
그냥 지나가다 들린 몇 마디가 온통 마음을 들쑤셔 놓는 일이 많습니다.
정갈하지 못한 말에 미안함을 갖습니다.
그나마도 오해 없게 정제 되어져야 할 것이었는데도
분명한 전달을 하고자 한다는 명분이 상처를 냈습니다.
이미 쏘아버린 화살입니다.

가끔 그런 상처를 받았다는 분 때문에
설교의 원고를 다시 살펴보고 녹음된 설교를 재생해 봅니다.

지금껏 봄, 여름, 가을.
여기까지 상처를 입었다고 스스로 여기시는 분들에게 사과를 드립니다.
구태여 변명을 한다 치면 전혀 상처받았다고 하시는 분들을 생각하고
그렇게 말한 것은 아닙니다.
단지 좀 더 분명하게 성경이 말씀하시는 바를 드러내려다가
욕심을 부린 모습인 것이오니 마음을 푸시라는 말씀입니다.
지나간 세월은 다시 돌이키지 못하지만,
지난 열 달을 돌아보며 자유함 속에서 정중하게 사과를 드립니다.

저는 다시 게을러서 놓쳐버린 기회를 발목과 기회를 오갈 때마다
감사와 낙심이 교차하는 안개 속에 자신을 돌아볼 수 있습니다.

2005년 4월 3일

성공하는 크리스천!

M.T.S 3차 예배 학교를 마쳤습니다.
그 안에는 이러한 내용이 담겼습니다.
1. 중요성: 예배에 성공해야 인생에 성공합니다. 성공하는 예배에는 하나님의 임재와 인도하심과 구원과 능력이 임합니다. 인간이 호흡하며 사는 이유는 하나님을 예배하기 위함입니다.

2. 의미와 본질: 예배는 하나님께 최상을 드리는 것입니다. 예배는 하나님과의 만남이며, 하나님을 향한 응답입니다. 하나님과의 만남을 사모해야 하며 기대해야 합니다.

3. 예배자의 태도: 하나님은 참된 예배자를 찾으십니다. 기대하고 경배하십시오. 예배 자체를 기뻐하십시오. 성령과 함께 진실함으로 예배를 드리십시오.

4. 찬양과 경배: 찬양은 예배의 꽃입니다. 찬양은 백성으로서 왕, 종으로서 주인, 자녀로서 아버지를 자랑하는 것입니다. 경배는 하나님께 대한 겸손, 순종, 신뢰, 의지의 태도입니다. 찬양 교과서의 찬양 도구는 노래, 시, 입술, 악기, 손을 들고, 박수, 춤 등 입니다.

5. 기도와 간구: 기도는 예배의 동력입니다. 하나님께서 설교를 통해 말씀하신다면 우리는 기도로 응답합니다. 균형 있는 기도의 삶을 위한 요소입니다. 찬양과 감사, 고백, 간구, 중보, 헌신.

6. 말씀의 선포: 말씀은 예배의 중심입니다. 말씀은 은혜의 체험과 회개의 촉구와 갱신의 결단과 양육과 성장을 가져 옵니다. 말씀을 듣는 태도는 옥토와 같이 마음이 열려야 합니다. 말씀의 능력은 삶의 변화와 믿음의 증진과 영혼을 소생케 합니다.

7. 헌신의 결단: 헌신은 예배의 열매입니다. 헌신해야 성화, 성장, 성공합니다. 헌신의 대상은 자신과 가족과 이웃과 교회입니다. 건강한 예배는 사명이 주어지고, 헌신을 결단하며 세상으로 나아가는 것입니다.

8. 예배의 준비: 준비된 예배가 은혜롭습니다. 역동적인 은혜 예배는 성령의 기름 부으심과 우리의 전적인 헌신이 있습니다. 10분 전에 좌정하고, 하나님과의 만남을 소원하며, 찬양으로 나를 드리고, 말씀에는 아멘으로 화답하는 것입니다.

2008년 11월 2일

약속

약속이라는 말은 연애하는 남녀 사이에는 가슴 설레는 말입니다.
너와 나의 약속.
약속이라는 말은 사업사람들에게는 절대적 신의의 기준이 됩니다.
기한 준수의 약속.
약속이라는 말은 항상 상대성을 띄고 있습니다.

자신과의 약속도 있습니다.
가장 지키기 어려운 약속이지만, 이것을 지킨다면 대단한 분입니다.
그런데 약속이 없어도 언제나 약속이 있는 관계가 있습니다.
그것은 부모가 자식을 향하는 사랑입니다.
한번도 약속한 적이 없지만, 언제나 약속에 묶여있는 분이 부모입니다.
아마 부모님의 약속은 자식이 어디에 있는지
(비록 몸이 같이 있지 못해도) 너와 함께 하겠다,
세상 끝 날까지 어디를 가든지 무엇을 하든지
나는 네 편이라고.

우리 이젠 작은 약속을 하고자 합니다.
11월 2일부터 1월 4일까지 10주 동안

'하나님이 찾으시는 사람'이 되는 것입니다.
기본은 예배의 결석과 지각을 하지 않는 예배입니다.
그리고 예배에 오실 때마다
전심으로 하나님을 찬양하고, 부르고. 하나님을 듣는 것입니다.
이것의 확장은 '예배 후 셀 미팅'이나 '예배'
그리고 '가족교회'까지 입니다.
여러 가지 연말이면 바빠지고 시대가 더욱 움츠리게 할지 모릅니다.

그러나 나에게 가장 바쁜 것은 10주 동안 하나님이시기를 바랍니다.
그러면 나머지는 하나님께서 알아서, 다 정리해 주실 것입니다.
이것이 하나님께서 '네 믿음을 보이라' 할 때 내 놓는 믿음입니다.
나에게 제일 우선이 되는 시간, 나에게 제일 바쁘고 급한 시간이
곧 하나님과의 선약입니다.
이미 나에겐 거부할 수 없는 선약이 그것입니다.
그것으로 인해 손해를 본다 치면 채우실 것을 믿는 것이고,
설사 손해를 보드래도 행하실 때 그것을 '믿음'이라고 합니다.
이 거룩한 약속의 기간 10주에 함께 서로 손에 손잡고 같이 갑시다.
그런 자에게는 상 주시는 분이 하나님이십니다.

하나님 아버지께서 약속하십니다.
너와 함께 하겠다.
세상 끝 날까지 어디를 가든지 무엇을 하든지 너와 함께 하겠다고….

2009년 12월 13일

3번째 전개하는 "하나님이 찾으시는 사람"

오늘 7주간의 일정표를 받아보시면 알겠습니다만,
하나님께서는 늘상 자기를 찾는 사람들을 찾으십니다.
이유는 찾는 이들의 이유를 들으려고 그러십니다.
그래서 전심으로 자기를 찾는 자들에게 능력이 되어 주시는 것이지요.
신령과 진정으로 예배하는 자들을 찾으십니다.
예배를 진정으로 드렸느냐는 것은 아무도 모릅니다.
오직 한 사람이 아는데. 그 사람은 바로 자기 자신입니다.
전심으로 예배를 드리는 자를 하나님이 찾으시지요.
그런 좋은 성도가 되어보자는 것이 [하찾사]입니다.

또 예수님은 잃어버린 자들을 찾아 오셨습니다.
그리고 그 일을 하셨습니다.
남은 사역을 교회에게 부탁하셨습니다.
그리고 그 일은 곧 나의 일이 됩니다.
그 일, 잃어버린 자를 찾는 일입니다.
그래서 나는 하나님의 찾으시는 사람을 찾는 것입니다.
주님을 믿는 자는 주님이 하신 일을 하는 것이지요.

찬양에 있습니다.
"하나님 기뻐 춤추시리, 하나님 기뻐 노래하시리
 잃어버린 영혼 주께 돌아올 때"

연말이 되고, 연초가 되면 우리에겐 리모델링이 필요합니다.
반면 연말이 되고, 연초가 되면 분주합니다.
망년회, 송년회 등등 일 년을 마무리 하느라고
이모저모로 내 몸이 내 몸이 아닐 적도 있습니다.
하지만 사람인 탓에 금년의 삶을 돌아보고
새해를 설계하는 것 같습니다.

그 인생 리모델링에 예수 그리스도를 더하는 삶이야말로
최고일 것입니다.
이런 사람이 '하나님이 찾으시는 사람'입니다

2011년 9월 4일

21일 특새 마감: 고맙고 감사합니다

2012년의 21이란 숫자에 의미를 담아 진행하는 새벽기도회가 끝나갑니다. 8월 16일부터 9월 5일까지….

혹자들은 휴가 기간인데 되겠느냐고 했고, 혹자들은 날이 더운데 가능하겠느냐고 했고, 도중에 '셀 자체 강화' 저녁 집회도 3일이 있는데 별도로 하면 안 되느냐 했는데….

그 어느 것도 문제되지 않았습니다. 새벽마다 총총걸음으로 하루를 여시고 총총한 눈빛으로 사도행전의 교회 이야기를 마음을 모아 들어준 그 눈동자들은 어느 하루 새벽도 함부로 할 수 없는 날로 이끌어 왔습니다. 설교자의 열심으로 이루어진 것이 아닌 참여자의 열심 그 자체가 만든 하모니였습니다.

감사합니다. 몇 번이고 고맙고 감사를 드립니다. 진행하던 중간 즈음 새벽에 비가 엄청 오고, 바람이 부는 태풍기간이 있던 날에 성도들이 택시에서 내려 뛰어 들어오는 모습과 아이 업고, 걸려 들어서는 모습이며, 우산들은 바람에 거꾸로 뒤집히고, 빗줄기의 방향을 잡을 수 없는데 비를 몽땅 맞아가며 안내하시는 분이나 들어오시는 분들….

교회입구에 들어서는 차량들의 라이트는 세찬 빗줄기를 반사시키는데 줄을 지어 도로에서 입장을 기다렸다 밀려들어 오셨습니다. 그 날 그들을 물끄러미 바라보면서 왈칵 울음이 쏟아졌습니다. 무엇이 저들을 깨우고 그 무슨 열심이 퍼붓는 빗줄기를 뚫고 휘몰아치는 바람을 뚫게 하는가.

"21일간의 특별새벽기도~세상이 가두지 못한 복음" 첫날부터 마지막을 앞둔 이틀까지 참가하신 분들의 숫자는 줄지 않았습니다. 연세 많으신 분들도, 우리 유스셀리더들도, 그야말로 생짜인 초신자들도…. 자발적으로 자원함으로 함께 하신 발걸음들이었습니다.

각 셀들의 특별찬양은 설교보다 압권이었습니다. 예배사역팀의 헌신과 센스 있는 진행은 물 흐르듯이 한 시간을 끌고 갔습니다.

찬양·안내·출석·기도·헌금 등. 예배팀의 밑바닥 헌신은 모두를 편안케 했습니다. 자발적 새벽 운행하는 차량과 카풀로 오신 분들 더욱 감사했구요. 그야말로 설교자는 설교만 했으니까요.

이제 내일 아침 하루를 남겨놓았습니다. 그렇게 21일간의 새벽을 깨워 하나님에게 집중하신 여러분에게 다시 한번 깊은 감사를 드립니다.

고맙습니다. 고맙습니다.

2015년 2월 22일

당하면 당하리

구원받으면 뭐가 달라질까요?
하루아침에 변화가 일어나고 삶이 바뀌지 않습니다.
단, 죽은 영이 살아나지요.
드디어 하나님에 대한 감각이 생긴 것입니다.
나를 목표로 살던 자기중심에 하나님의 간섭이 시작이 됩니다.
그러다가 얼마 안 가면 보이는 것으로 실망하는 것이 있고요,
드디어 하나님의 사람으로 눈을 뜬 것입니다.
그래서 보이고 이웃 소리가 들립니다.
그렇게 감각이 열리고 눈이 떠지면 들리는 것을 잘 들어야 합니다.

하나님은 내가 할 수 없는 것을 대신하시지 않습니다.
하나님은 정답을 주시지 않습니다.
하나님은 '정답'을 들고 있고, 나는 '내 답'을 들고 있지요.
나는 '내 답'을 달라 하고
'결과'를 손에 쥐여 달라는 것에 익숙합니다.
성경은 결과와 정답에 이르는 지혜와 방법을 주는 것입니다.
나의 게으르고 무능한 것을 대신해 슈퍼맨으로 만들지 않으십니다.

그래 내가 해야 할 일은 무엇일까요?

하나님은 무엇을 좋아하시는가? 어떤 것을 원하시는가?

그 답을 고민하는 것입니다.

신앙이 좋을수록 그것을 구하는 것입니다.

그리고 더 열심히 예수님 곁에 있어야 합니다.

그렇지 않으면 언제부터 신앙이 편리를 따라 믿는 척만 하게 됩니다.

'지구상에서 가장 못된 벌레는 대충이다.'

그 대충대충이가 내가 된답니다.

하나님이 말씀하신 선한 일은 무엇일까요?

내가 그분과 함께 하는 모든 일은 선입니다.

그분을 배제하고 혼자 하고 싶으면 그것은 악입니다.

자꾸 예수 믿어 자신을 우월한 자로 만들고자 하는 것보다

손해 보고, 당하고, 힘들어도 그럼에도 불구하고.

눈 치켜뜨지도, 내리깔지도 말고, 역정(逆情)을 내지 않는 것입니다.

'해 보면 해 보리'가 아니라 '당하면 당하리'가 신앙이랍니다.

그것이 구원 이후의 예수님을 따르는 자랍니다.

2016년 3월 6일

점심을 드세요

예배는 하나님 나라의 잔치입니다.
하나님의 잔치는 먹고 마심이 있습니다.
하나님께서 부르신 자들이 부르심에 감사하고, 감격하고,
죄를 용서하시는 하나님의 은총과 그리스도의 은혜에 감사하고,
깨끗해진 심령 안에 주신 말씀을 먹고, 성령을 마심이 있습니다.
내게 주신 은총에 대하여 감사를 드리고,
다시 한 주간을 주시는 하나님께 감사합니다.
그리고 하늘 백성의 먹고 마심이 이어집니다.

그것은 예배 후의 식사입니다.
하나님께서 나를 부르시어 하나님 나라 잔치인 예배에 임하시고,
이제 자기 백성의 교제인 함께 먹고 마시는 즐거움에 임하십니다.

예배 후 식사는 작은 천국잔치입니다.
모두들 집에 가면 집 밥이 다 있습니다.
밖에 나가면 더 맛있고 화려한 식탁 많습니다.
내가 좋아하는 음식 골라서 먹을 수 있습니다.
그런데 예배 후의 식사는 그런 맛으로 먹는 것 아닙니다.

배가 고파서, 배 부르려고, 점심때가 되어서 먹는 것도 아닙니다.

이 식사는 하나님의 자녀들이 함께 먹는데 의미가 있습니다.
예배 후 같이 밥 먹는 사람들은 세상에서의 조화나 조합은 어렵습니다.
오직 예수 그리스도께서 초대한 사람들이란 유일한 조합일 뿐….
돈 많은 사람, 돈 없는 사람, 나이 많은 분, 젊은이,
명예나 지위가 있거나 없거나, 남자, 여자는 물론이고.
누구나 하나의 식탁에 초대된 것입니다.
아이나 어른이나 먹는 모든 내용물은 같습니다. 밥도, 국도, 반찬도.

이는 그저 먹고 마시는 식사가 아닙니다.
함께 식탁에 앉아, 밥이 아니라 즐거움과 평강을 먹고 마시는 것입니다.

 "하나님의 나라는 먹는 것과 마시는 것이 아니요
  오직 성령 안에 있는 의와 평강과 희락이라" (롬 14:17)

그 나라가 이 땅에 존재하는 교회이고,
예배 후 식탁은 그 잔치의 예표입니다.
식탁교제의 즐거움과 평강은
예배만큼 소중한 것이고, 예배의 연장이며,
이는 이미 드렸던 예배의 끝(Finale)인 것입니다.
주일예배의 끝은 식탁에서 즐거움과 평강을 먹고 마시는 것입니다.
예배 후의 점심식사는 이런 의미를 갖습니다.
우리 같이 점심을 드십시다.

2017년 4월 9일

엄마, 목사님 설교가 왜 그렇게 길어요?

"엄마, 목사님 설교가 왜 그렇게 길어요?"
초등학교 6학년 한 소녀가 엄마와 장년예배를 드린 후에 던진 질문입니다. 그러면서 "엄마, 결론은 서로 사랑하라는 말이잖아요."라고 했답니다. 맞습니다. '서로 사랑하라'는 그 말을 하려고 제가 너무 길게 했나싶습니다. 그래서 얼른 소녀에게 답을 합니다. '미안하다. 다음부터 네가 오면 짧게 하마…"

문득 예수님은 당시에 어른과 아이들이 같이 모였을 때 어떻게 하셨을까 싶었습니다. 굳이 위안을 삼고 싶지는 않지만 설교가 여간 어려운 게 아닙니다. 밥을 비유하려 하면 지금 막 한 밥은 밥 그대로도 맛있습니다. (그래서 점심시간에 가고 싶은 음식점은 밥을 막 해주는 집이기도 합니다)

설교도 그렇게 맛이 있을까 자문해 보면, 식은 밥, 누가 준 밥, 뜸 덜든 밥, 꼬두밥, 물컹한 밥, 2층 밥, 먹다 남은 밥, 냉장고 밥, 물 말은 밥, 끓인 밥, 김 모락모락 하고 윤기가 자르르 흐르는 밥, 밥 종류가 많은데… 나 또한 그렇게 각종 밥을 하지 않았나 싶습니다.

밥맛으로만 해도 맛있는 식당이기를 원하는 집이 있고, 깔끔한 반찬만으로도, 시원하고 따뜻한 국물만으로도, 주 메뉴가 맛있는 식사 등. 갖가지가 있는데 어린이용 식사가 맛있는 집도 있을 것이고, 남녀노소 누구나 맛있다 하는 식사도 있겠지요. 아마 라면이 근접하지 않을까 싶습니다. 하긴 라면도 아예 먹지 않거나 싫어하는 분들도 계시긴 합니다. 하지만 밥도, 반찬도, 국물도, 주 메뉴도 심지어 후식까지 맛있는 식사가 있기를 소망합니다. 그리고 부단히 애를 쓰고 열심히 정진해야겠지요.

한 아이의 분명한 질문에 준비한 답이 있다면 "그래 설교를 잘 하려 하는데 어렵구나."입니다. 나중엔 "엄마, 설교가 조금 길어도 좋겠어."라고 하도록 노력하겠습니다.

내일 새벽부터 고난절 새벽기도주간입니다.
평소에 못하시거나 안하시던 분들도 일 년 365일 중 7일만 새벽을 깨우는 주간입니다. 금번 주제는 "닮다 ~ 담다"입니다. 그분을 닮고 싶어서 내 삶에 그분을 담는 기간입니다. 우리 교회 '서리집사' 이상 되시는 제직원들과 우리 교회 '다음세대'를 인도하는 소중한 교사들은 요즘 표현으로 '필참'입니다. 하나님의 집인 교회에 작은 일꾼 됨의 표시로 주인님이 일꾼을 부르십니다.

'우리 새벽에 보자' 맑고, 조금은 차가운 예수님 공기에, 조금은 부스스한 얼굴로 새벽에 하이파이브를 합시다. 일주일간 구호 "닮다 ~담다" 하시면서요. 일단 고난절 새벽기도 설교 짧게 할게요. 엄마, 아이들 새벽에 깨워 손잡고 교회 오시는 것. 이 때가 좋지 않을까 싶은데요.

2018년 4월 8일

엄마, 아빠보다 나아요

매월 첫 날이면 우리 교회는 '월삭기도회'를 드립니다. 지나간 한 달을 반성하고, 감사하는 기도를 합니다. 그리고 새 달을 주신 하나님께 감사합니다. 이 달에 '나의 기도제목'이나 '계획'들을 미리 살피고 「매일성경」이라는 말씀묵상집~카렌다에 기록을 합니다. 묵상집이 없어도 오시면 월 카렌다는 드린답니다.

이 날은 자녀들과 같이 새벽을 깨워 오시기를 권면하지요. 아이들에게 신앙의 추억을 주고자 함입니다. 어른들도 쉽지 않는 월삭새벽을 아이들에게 요구함은 무리겠지만, 그 무리함이 훗날 '두고두고 신앙'을 유지하며 하나님의 은총으로 자라게 할 것입니다.

기록한 계획과 기도제목들을 소리 내어서 기도합니다. 그러면서 꼭 읽는 말씀도 있습지요.

"사람이 마음으로 자기의 길을 계획할지라도 그의 걸음을 인도하시는 이는 여호와시니라" (잠 16:9)

"너는 범사에 그를 인정하라 그리하면 네 길을 지도하시리라" (잠 3:6)

기도를 마치면 그것을 기록해서 제출합니다. 다들 기도하겠지만, 제출하면 더 좋습니다. 제출한 기도들은 그냥 두지 않습니다. 기도하지요.

그리고 월삭 아침에 귀한 분들이 간편한 아침 식사대용을 주십니다. 때에 따라서 맛있고 아름다운 떡이나 유기농 밀에 고명 넣은 최고급 식빵을 드립니다. 매번 감사이고 감동입니다.

이번 기도 내용을 적은 것 중에
초등학교 4학년 아이가 제출한 것입니다.

"4월은 우리 교회가 하나님과 함께하는 교회를 할 수 있도록 도와 주세요. 우리 담임목사님 편찮으시지 않도록 오래오래 살 수 있도록 은혜를 주세요. 우리 가족 더욱더 하나님 앞에서 살아갈 수 있도록, 특별히 오빠가 기숙사로 가서 공부에 집중하지만 교회도 충실할 수 있도록, 저에게 특별한 일을 할 수 있도록 복 주세요. 우리 엄마 아빠가 특별히 오래살기를 바랍니다. 아빠 중국여행 안전하게 다녀오게 해 주세요."

그 아이의 엄마가 그랬습니다. "나보다 낫다"라고
"나는 한번도 목사님 건강을 위해 기도해 본 적 없다."라며
그래서 제가 한 술 더 떴습니다. 다 같이 웃자고…
"OOO이가 엄마, 아빠보다 나아요."

우리 성도 여러분.
매월 1일 새벽에 하나님께 나아와 한 달을 감사하고 위탁하면
참 좋습니다.

빛과 소금으로 살다

2021년 5월 30일

2천 년 전이나, 지금이나

교회의 기본적 본질은 말씀과 성도간의 교제,
그리고 세상을 섬김입니다.
말씀은 곧 성경이고, 성경은 곧 그리스도이고,
또 선포되어지는 설교입니다.
성도라 함은 '하나님의 부르심을 받은 자들'을 일컬어 말합니다.
그들이 모여 주되신 하나님과 예수님을 경배하는 것을
예배라고 합니다.

예배는 그렇게 성도들이 모여 주님의 주님 되심을 고백하는 것입니다.
주시는 말씀을 먹고 사는 한 백성임을 확인하는 것입니다.
그 백성의 만남, 그 백성의 삶의 나눔이 교제입니다.
그리스도의 몸에 부착된 지체로서의 교제인 것입니다.
흔히 말하는 '코이노니아'입니다.

그 교제와 예배가 양식(糧食)이라면
이제는 나가서 살아야 합니다. 세상에서 살아가는 것입니다.
그리스도인으로서의 삶입니다.
이 삶이야말로 그리스도인의 사명입니다.

부대끼며 살아가는 이웃들 속에서
하나님의 말씀을 따라 살아가는 것입니다.
그 세상을 살아내는 하나의 방식은 섬김 '디아코니아'입니다.

그리스도가 오신 이유와 같습니다.
내가 있는 곳. 그곳이 가정이든, 일터이든, 직장이든….
그곳이 내가 있어야 할 곳입니다. 거기에 있는 사람들을 섬기는 자.
내가 있음으로 인해 그곳에 있는 사람들이 은혜를 입는 곳.
이것을 우리는 '디아코니아'라고 합니다.

이것들은 점진적입니다.
케리그마, 즉 말씀을 먹는 일 없이
코이노니아는 의무적 형식적인 교제일수 밖에 없고
말씀으로 든든한 양식과 진정한 영적 사귐으로 힘을 배양하지 않으면
마치 우리는 이리 떼 속에 들어가는 양들 같아서 같은 이리처럼 살거나
주눅 들어 무리에서 떨어져 있는 외로운 양일 뿐입니다.

그러나 이 셋이 분명하다면
지금 살고 있는 곳이 작은 하나님의 나라인 것입니다.
그래서 교회는 늘 '모이는 교회'와 '흩어지는 교회'를
반복하는 것입니다.
모여 힘을 얻고 흩어져 섬기는 것이 분명할 때
가장 건강한 교회가 될 것입니다.

2022년 1월 9일

하.찾.사. - 코람데오(하나님 앞에서)

예배는 어디에서 드리나요?
구약에서는 하나님의 이름을 두신 곳입니다.
신약에서는 예수를 주님으로 고백하는 자들이 모이는 장소입니다.
그러나 하나님이 계신 곳은 천상천하(上天下地) 어디에나 계십니다.
하나님의 자녀들이 공동체로 모여 예배하는 곳을
○○예배당이라 했습니다.

우리는 예배드리기 위하여 구원받았습니다.(A.W 토저)

  예배의 초대: 하나님께서 나를 부르신 초대입니다.
  _ 누가 기다려야 합니까?
  예배의 대상: 나를 지으신 하나님, 나를 구원하신 예수님입니다.
  _ 나는 누구입니까?
  예배의 내용: 기도, 찬양, 설교, 봉헌으로 이루어집니다.
  _ 예배에서 무엇이 제일 중요합니까?

내 자신의 생각이 하나님이 거하시는 성소가 되는 것입니다.
내 안에 하나님을 불쾌하게 하는 것이 없을 때

온전히 기쁘게 예배할 수 있습니다.
교회는 예배하기 위해 존재하는 것이 제1순위 입니다.
진정한 예배자는
결코 교만하지 않고 결코 언행을 함부로 하지 않습니다.
예배가 사느냐 죽느냐는 것은
하나님을 존경하느냐, 그렇지 않느냐에 달려 있습니다.

지금 우리는 대면·비대면 예배를 진행하고 있습니다.
비대면 예배는 처해 있는 장소에서 동영상으로 드리는 것이지요.
대면보다는 비대면은 아무래도 방해요소가 많고 임재의식이 약합니다.
이제 영상예배라도 하나님의 임재 앞에
영상예배에 함께 하시길 빕니다.
예배는 하나님과의 비대면이지만,
공동체 안에서 '하나님 면전'이라는 임재의식이 있습니다.
예배당에서 가정 또 어디에든 예배는 '하나님 면전'에서입니다.

  질문: 누가 기다려야 합니까?
  답: 나는 예배를 기다리는 자입니다.
  질문: 나는 누구입니까?
  답: 나는 하나님 앞에 예배자입니다.
  질문: 예배에서 무엇이 제일 중요합니까?
  답: 예배의 찬양, 기도, 설교, 봉헌 모두 소중합니다. 시종일관

모여 힘을 얻고 흩어져 섬기는 것이 분명할 때
가장 건강한 교회가 될 것입니다.

Part 5
Happy Home

2000년 6월 11일

말로만, 돈으로만 때우는 내 아이

인근의 두란노 학원 이사장과 작은 대화를 나누었습니다.
우리네 부모가 자기 자녀에게 얼마나 관심이 많은지에 대하여
영어, 수학, 국어, 과학 등을 학습하고,
성적을 올리려고 정말 무진 애를 쓴답니다.
그런데 금번 '십대들의 쪽지'의 김형모 목사를 초빙하여
우리 아이들을 어떻게 대할 것인지에 대한 부모의 역할을 강연한다고,
광고하고 통신문을 보내고 했답니다.
그런데 그렇게 극성을 부리고 전화를 하시던 학부모가
잠잠하더라는 것입니다.

자식에게 바라는 요구와
그 자식을 맡아 기르는 학원에 대한 요구는 많으면서
정작 부모가 해야 할 자기들의 역할에 대해서는 관심이 없더랍니다.
자식을 위해 돈을 쓰고 상대를 향하여 역정을 내는 것은 잘 하면서
정작 자신들이 자녀들의 미래를 위해
시간을 투자하는 것에는 정말 인색하답니다.

우리는 모두 자녀를 양육할 이상의 학력을 소유했습니다.

그런데 언제부터 우리 아이들의 교육을
모두에게 위탁해 버리고 말았습니다.
학교에, 학원에
그리고 말과 돈으로만 때웁니다.
그러면서 오직 '내 사랑 내 자식'입니다.

부모로서 자녀를 위해 어떻게 할 것인가에 대해서는
한 시간의 귀도 내주지 않으면서
"공부 잘해라." "잘해라."라는 말로만 합니다.

'먹여 주고, 재워 주고, 돈으로만' 하는 부모가 되지 맙시다.

2000년 8월 13일

푸른 멍에 달걀을 문지르며…

어머니, 제 어머니는 금년 60세입니다.

작년 이맘때쯤에까지 별 탈 없던 어머니께서 3번의 뇌출혈이 있었습니다. 같이 있을 때 자꾸 눈이 안 보인다고 하소연을 하셔서 이비인후과, 안과, 내과 등을 전전하다가 컴퓨터 촬영을 한 결과 이미 뇌출혈이 한 번 있었습니다. 그리고 그 후 두 번의 뇌출혈을 거쳐 지금은 거동이 제한되어 있고 가끔 기억력의 쇠미와 행동거지의 불분명함이 있습니다.

다행히 아직 수족은 움직일 수 있고 과거의 기억도 분명합니다. 엊그제는 일어나다 문에 부딪쳐 눈언저리와 볼에 푸른 멍이 들었습니다.

주일 밤, 저는 텔레비전의 연속 사극 태조 왕건에 빠져 있는데 어머니는 누워서 자꾸 지난달 서울에서 자신의 조카들과 있었던 이야기를 하십니다. 그 어머니 곁으로 다가가서 달걀 하나로 멍을 문지르며 어머니의 소중한 이야기를 들었습니다. 누구라도 시덥지 않는 어머니의 이야기.

어머니에게는 자신이 아직 사고할 수 있다는 것을 보여 주시는 것이었고 저는 '왕건 반' '어머니 말씀 반'을 들으며 푸른 멍을 문질렀습니다. 어머니께서 혹시 넘어져서 위험한 물건이나 거침이 될 것들을 치우고 방에 모셔다 드렸습니다. 그리고 샤워를 하고 누웠는데 좀처럼 잠이 오지 않았습니다. 자꾸 옛날 어머니와의 추억이 기억나는 것이었습니다.

'아, 낼 아침에 새벽기도 인도해야 해.'라고 하면서도 어머니의 기억은 좀처럼 사그라지지 않았습니다. 일어나 어머니의 방에 가서 푸른 멍을 가만히 만져보고, 주무시느냐고 물었는데 잠이 드셨습니다.

'하나님, 우리 어머니 사랑해 주세요.'
다시 자리에 눕고 이내 잠이 들었습니다.

새벽, 어머니의 누워 계시는 모습을 살폈습니다.
새벽기도회에 주님이 주시는 말씀은
'산 개가 죽은 사자보다 낫다.'였습니다.
우리 어머니는 아직 살아 계십니다.
아, 어머니.

2000년 11월 12일

용길씨의 신앙

이 이야기가 그저 단회적으로 끝나도 좋습니다.
'부부 디스커션' 15기가 2주 전에 마쳤습니다.
같이 임했던 분 중에 김용길-박연경 부부가 있습니다.
멀리 첨단지역에 살고 한경애 집사의 전도를 받아
아내가 먼저 교회에 왔습니다.
남편은 아내가 교회에 가니까 교회까지 태워다주는 역할만 했습니다.
그러다가 한 번, 두 번 그냥 교회까지 들어오는 정도.

그런데 지난 15기에 억지로(?) 같이 시작하게 되었습니다.
내심 많이 걱정을 했거든요.
한 두주 하다가 그만두면 어쩌나 하고….
그런데 세상에 가장 열심이었습니다.
한번도 결석 하지 않았습니다.
그러다가 예수를 믿으면 먹는 것에서부터 감사해야 한다고 하며
밥 기도를 잘해야 한다고 했습니다.
'다음 주 모임 끝나고 식사할 때는 용길씨가 합니다.'라고 했고요.
그런데 다음 주 식사 때 정작 제가 잊어먹은 것입니다.

나중에 들은 이야기입니다만
용길씨는 매일 아침마다 기도를 연습했다는 것입니다.
기도문을 써서 연습하고, 연습하고. 다음 주에 식사기도를 한다고….
그래 식사시간이 되어 상을 놓게 되자 용길씨는 살그머니 나가서
다시 한번 기도문을 보고 암송을 확인하셨다는 것입니다.
저는 그 사실을 잊어 버렸습니다.
이야기는 여기까지입니다.

그 용길씨를 우리 하나님이 기뻐하실 것이라는 생각이 들었습니다.
그렇게 해서 좀 더 가까이 하나님께 나아간 그가
자기 아내를 꾸짖었답니다.
헌금을 하라고 돈을 주니까 왜 헌금을 안했느냐고 화를 냈답니다.

우리의 용길씨,
어쩌면 또 하나의 속이 꽉 찬 찐빵을
우리가 만날지 모른다는 기쁨이 들었습니다.

2002년 6월 2일

결혼기념일 예배

어느 부부의 결혼기념일 예배를 드렸습니다.
저로서는 이런 예배가 처음이었습니다.
결혼 10년이 된 부부가 그 동안 출생한 두 아이와 함께
다소 어떻게 해야 하나를 고민해 봤지만
결혼기념일 예배를 불러주는 것만으로도 감사했습니다.
그저 평범하게 예배를 드렸지만
제 딴에는 아주 기분 좋은 예배였습니다.
좀 더 멋지게 진행하지 못함을 죄송했습니다.

부부가 되어 살면서 결혼기념일에 하나님께 감사의 예배를 드림은
지금의 이 가정을 주신 하나님께 감사하다는 신앙의 고백이겠지요.
지금의 이 아내와 남편에게 감사하다는 사랑의 고백이겠지요.
지금의 이 아이들과 함께 행복하다는 행복의 고백이겠지요.
그래서 작게나마 결혼기념일의 예배 집례자로서
아주 작은 선물을 가족에게 선물했습니다.

우리 교우 중 많은 부부가 기념일이 되면 선물을 주고받는 것을 합니다.
많이 강조해서 그런지 알게 모르게 짧은 여행을 다녀오신 분도 있구요.

선물도, 여행도, 예배도 모두 같이 하면 더 좋지 않을까요?
결국은 사랑과 감사와 믿음의 재충전일이 되는 좋은 날입니다.

사랑이란 것은 감정만으로 되는 게 아니라는 것을 아시잖아요.
요 근자에는 '사랑은 이빨 앙 다물고 하는 것'이라고 했습니다만,
사랑은 엄청난 노력과 의지의 결정체라고 믿습니다.

결혼기념일은 모두 다 일 년에 한번 돌아오는 아주 귀중한 날입니다.
내 인생이 이 사람과 함께 새롭게 시작된 그 날에
그 날의 과거를 반추하고, 오늘을 진단하고,
내일을 기약하는 아름다운 날이 되기를 바랍니다.

또 누구 결혼기념일 예배 선물 받으실 분 없나요?
예배도 더 잘 준비할게요.

2002년 9월 15일

뷰티풀 실버

요즈음 우리 교회의 나이 드신 여자분들과
토요일에 만나는 즐거움이 있습니다
이름하여 "뷰티풀 실버"라고
아름다운 노년을 위한 작은 모임입니다.

아침의 일출이 아름답고 황혼이 가장 아름다운 것처럼
우리 인생에서 가장 아름다운 황혼을 맞이하자는
취지 아래 시작한 공부입니다.
아주 흐뭇하고 넉넉한 자리입니다.

이번 모임에서는
'나이 드신 노년의 단점을 말해 봅시다'를 이야기 했습니다.
거기에서 나온 이야기입니다.
기억력과 힘이 없다. 맘대로 못하고 몸도 마음도 약해진다.
매사에 자신이 없다. 소외를 당한다.
경제 능력이 없다. 쉽게 상처를 받는다.
남편이 있어도 외롭다. 지난 삶이 후회스럽고 원통하고 슬프다.
이런 이야기들을 주고 받았습니다.

그 대목 중에서 '소외를 당한다.'와 '외롭다.', '쉽게 상처를 받는다.',
'후회스럽고 원통하고 슬프다.'라는 의외로 강도가 강했습니다.
그런데 높은 단점을 주는 이가 누구냐면
바로 자신의 가장 가까운 가족이라는 점입니다.
남편이고, 아들이고, 며느리이고, 딸이고, 손주들이라는 것입니다.

내게 가장 중요한 사람들이
나를 '소외시키고', '외롭게 하고', '쉽게 상처를 준다.'라는 것입니다.
그럼에도 그분들은 그들이야말로
내게 가장 중요하고 특별한 존재라는 것입니다.
여기에서 우리는 여러 가지를 배웁니다.
사랑하는 부모님에게 나는 어떠한 태도로 존재했을까요?

"아름다운 황혼"을 위한 어머니들은
그래도 나에게 상처를 주고 소외시키고 외롭게 하지만
아주 중요한 그들을 위해 기도하신다는 말씀이었습니다.
그리고 책자에 나와 있는 기도하는 손을
아주 정성스럽게 색깔을 칠했습니다.

사랑하는 가족…
모두에게 소중하고 특별한 존재입니다.

2003년 7월 20일

다시 가족 예배에 대하여

많은 그리스도인은 교회에서의 예배는 익숙합니다.
그리고 가정방문의 예배도 익숙합니다.
그러나 가정에서 "자기끼리 예배"는 익숙치 않습니다.
왠지 쑥스럽고, 거북합니다.

가정에서 가족이 앉아 찬송을 부르고
말씀을 나누는 일은 보통일이 아닙니다.
그래서인지 몰라도 부모도 자녀들도 열심히 교회를 다니는데
자녀들과의 관계에서 신앙인으로 모습을
말하거나 보여 주는 일이 없습니다.
교회에 가서는 자녀를 위해 기도는 하지만,
자녀는 한번도 자신을 위해 기도하는 부모를 집에서 본 적이 없습니다.
아버지가 회사에 다니시는데 무슨 업무인지 모르고,
자녀가 학교에 다니지만 학교생활은 모릅니다.
말 그대로 하우스(House)는 있는데 홈(Home)은 없다고 합니다.

우리 교회의 가족 예배는
가정의 행복을 주시기 위한 하나님의 은총입니다.

'가족 간의 대화'와 '가족 기도'와 '가족 예배'는
모든 행복의 구심점이 하나님에게서 옵니다.
'세대 차이'는 날이 갈수록 세대를 단절 시키는데 반해
'가족 예배'는 부모와 다음 세대를 연결하는 최상의 통로입니다.
모든 이야기가 공존하며 서로의 다른 점을 이해하는 장소입니다.

요즈음처럼 바쁜 세상에서 자기의 일만 바쁘게 살면서
가족이라는 공동체는 늘 뒷전으로 가고 종국에는 거주공동체일 뿐,
정겹고 다정한 사이는 그림일 뿐입니다.
가족 예배는 이 모든 것의 회복의 장입니다.

작은 것 하나를 제안해 봅니다.
주일 밤에는 온 가족이 거실이나 방에서 같이 잠을 자는 것입니다.
그리고 함께 누워서 이런 저런 이야기로 잠이 드는 것입니다.

우리 '가족 예배'는 쉽습니다 거기엔 하나님께서 계십니다.
누구나 같이 하는데 있습니다 시간도 많이 걸리지 않습니다.
우리 '가족 예배'는
가족 간의 격의 없는 대화와 서로를 위한 기도와
하나님을 만남이 있습니다.
'가족 예배'를 드립시다 여러분!

2005년 7월 31일

우리의 자녀들을 위한 이야기

자꾸 죄송함이 있습니다.
그러지 말아야지 하면서 우리들의 자녀들을 위한
교회 내 교육기관에게는
장년부처럼 열심을 갖고 들여다보지를 못합니다.
조직되어진 각 부에게 위임을 할 뿐….
그럼에도 우리 각자에게는 자녀들이 가정의 가장 중요한 핵심입니다.

가정에서 자녀를 양육하는데
가장 많은 신경을 쓰는 일은 건강과 성적이 아닌가 싶습니다.
그렇듯 우리 자녀들의 영적 건강과 성적도 살펴봄이 어떤가 싶습니다.
육체적으로 건강하여도 영혼이 건강치 못한 경우가 있거든요.

부모가 모르는 자녀의 다른 부분이 의외로 많습니다.
집에서는 명랑한 아이가 밖에 나가면 조용하거나, 반대로 말없는 경우.
학원에 보내는 것이 공부의 전부라고 믿어버리는 경우.
정규적으로 어릴 때부터 자녀를 지도하는
선생님(학교와 학원 모두)을 찾아
자녀에 대하여 함께 이야기 나눔이 필요합니다.

또 자녀가 6년, 9년, 12년 교회를 출석하는데도
그냥 교회를 나오는 것만 빼고는
안 다니는 아이들과 다른 점이 없는 경우가 있습니다.
이 영적인 살핌도 정말 필요합니다.
교회에서도 최선을 다하겠습니다 .
우리 자녀를 위해서 선생님과 진솔한 만남,
자녀와의 흉금을 터놓는 진솔한 만남이 필요합니다
지시도, 감독도, 가르침도 아닌
자녀의 입장에서 자녀를 만나는 것입니다.

신앙성적도 정말 중요합니다.
영혼이 맑고 바른가?
하나님에 대한 절대적 신뢰는 있는가?
자녀의 영혼을 위해
우리 자녀들의 교회학교 교사를 정기적으로 만나십시오.
그리고 부모 자신이 영혼의 교사가 되어 주십시오.
그리고 여러분의 자녀들을 교회로 보내 주십시오.
그 자녀들의 영혼을 위해
수고하고 기도하는 교사들이 있습니다.

2008년 5월 18일

가훈과 품성

가훈이란? 한 집안의 조상이나 어른이 자손들에게 일러 주는 가르침이라고 합니다. 또 한 집안의 전통적 도덕관으로 삼기도 하지요. 나름대로 가족이 그 가훈에 가치를 부여하고 그 가치에 자신의 행동과 사고를 제약하는 것입니다.

가훈이 있느냐 없느냐보다 매일 그 가훈을 읽고 그렇게 살자고 서로 간에 다짐을 하고 실천하는 것이 더 중요합니다.

'가훈 만들기'는 우리 교회의 가정사역 행사의 하나로, 몇 년에 걸쳐 한번씩 합니다. 이번에도 가훈을 갖고 계신 분들은 내용의 변함없이 모양을 바꾸는 작업을 했고, 새로 만드신 분들도 있습니다.

예전에는 붓으로 써서 표구로 하는 것이 유행이었는데 근자에 와서는 아파트형 주거가 많아 작고 아름답게 만드는 것이 더 필요하다하여 아파트형 형태의 가훈을 만듭니다.

아직 가훈을 갖지 못한 가정은 가족회의를 통해서 정할 수 있고, 아버지가 정하여 가족의 동의를 구할 수 있습니다. 그리 정하셨다면 내용을 일러

주시면 예쁘게 만들어 드리겠습니다.
가훈을 만들었다면 이제 가족 교회를 통하여 가정에서 모두가 지켜야 할 규칙을 만들어 봅시다. 일방적으로 부모가 만드는 것이 아니라 부모와 자녀 간에 모두 따로 만들어서 같은 시간에 펼쳐놓고 모두가 합일한 것을 규칙으로 정하는 것입니다.

그 규칙을 스스로 묶는 것인데 그 목표는 가족 간의 사랑과 행복 그리고 개인의 성장과 성숙에 있습니다. 그 규칙은 기간을 정할 수 있고 규칙에 따라 상벌도 정할 수 있습니다. 규칙은 서로간에 준수해야 할 일종의 가족법과 같은 것입니다.

5월을 가정의 달이라고 합니다. 이 가정의 달에 우리 성도들이 만들어가야 할 성품은 '순종'입니다. '순종이란 무엇인가'와 '어떻게 순종할 것인가'를 적어놓고 하십시오. 또 순종하기 위해서 전제되는 것은 경청의 품성입니다

상호간에 경청하고, 순종하는 가정,
경청도 가정에 부착하도록 돕겠습니다.
이 달에 우리 가정의 규칙을 정하고
그 규칙을 매일 아침 읽으신다면 좋겠습니다.

가정, 모든 것의 시작이며 모든 누림과 행함의 현장입니다.
가족 간의 서로를 위한 배려,
그 사랑이 가득한 가정을 만들어갑시다.

2008년 7월 27일

마땅히 해야 할 일들

'기름 값이 오르고, 물가도 오르고, 다 올라 힘들다.'라고 합니다. '시장가기가 겁나다.'라고 합니다. 그런데 금번 8월 중순 무렵 가족 캠프(가정공동체 주관)를 가려고 쉴만한 리조트와 휴양림 등 가까운 전남 해남에서 전북 장수까지, 더 나가 경남, 충남, 충북을 군데군데 인터넷과 전화로 다 조회를 했는데 한 군데도 빈 장소가 없었습니다. 모두 예약완료라는 것입니다. 전국 방방곡곡의 리조트와 휴양림은 7~8월 모두 만석인 것입니다. 그래서 "아무리 어려워도 휴가는 갑니다."의 인식을 분명히 했습니다. 우리나라 사람들이 여름철 휴가를 다 가는 것과 예약문화 정착을 알았습니다.

그렇게 아무리 어려워도 휴가는 가는 것처럼, 우리들은 아무리 어려워도 가야 할 곳이 있고 해야 할 일이 있습니다. 사람은 하고 싶은 일을 하는 것이 아니라 마땅히 해야 할 일을 해야 한다고 합니다. 그것이 성공의 비결이라고도 합니다. 그 일을 미루면 반드시 후회한다고 합니다. 우리는 '마땅히 해야 할 일을 마땅히 하는 사람'이기를 바랍니다.

몇 달 전에 강진읍에 있는 사의재(四宜齋)를 다녀왔습니다. 강진읍에 오가는 수많은 사람이 왔다가고 머물다가는 동문 밖 주막입니다. 거기에서 귀양 온 정약용 선생이 머물었는데 머무는 집의 당호를 사의재라고 지었답니다. 모든 잡다한 소식이 오가고, 잡다한 사람이 오가는 중에도 마땅히 자신을 정갈하게 하겠다는 굳은 의지의 당호인 것입니다.

여름휴가는 마땅히 가야할 것인가는 가족마다 다르겠지만, 이 여름철에 온 가족의 휴가를 하나 됨으로 같은 시간을 가진다는 것은 의의가 있습니다. 요즈음엔 네 명의 식구가 사는데 아침 먹는 시간이 네 명이 다 다를 정도입니다. 네 명이 한번에 모여 식사하기가 어렵고, 어디 한번 간다 치면 이리 걸리고 저리 걸리고. 대추나무 연 걸리듯 아버지도, 어머니도, 자녀도 모두 자기 시간대를 가지고 있어 도무지 시간 맞추기가 어렵습니다. 아버지만 바쁜 것이 아니라, 자녀들도 더 바쁩니다. 이런 차에 온 가족 휴가는 자기의 시간과 자신의 뜻과 의지를 가족이라는 이름 앞에 양보하는 것입니다. 가족이라는 위대한 이름으로.

이런 차에 우리 교회의 주일저녁 식사만큼은 온 가족이 하자는 것과 식사 전에 같이 예배를 드리는 것은 그야말로 꿈같은 일들이고, 하나님의 기쁨이 됩니다. 마땅히 해야 할 것 중의 하나는 아버지를 중심으로 한 아버지 중심의 가족 문화가 각 가정에 존재하는 것입니다. 오늘 마땅히 해야 할 일은 무엇일까요?

2011년 5월 29일

가족 인증샷

지난주 "온 가족이 함께하는 주일"을 지내고 나서
점심을 아이들도 어른도 드실 수 있는 돈가스로 했습니다.
새로 오신 성도 한 분이 감사하게 협찬을 하셨습니다.
예상치 않게 잘 드시고,
많이 오셔서 나중에 드신 분들은 아예 돈가스가 없었습니다.
가족이 함께 하는 식사,
요즈음 같은 시대에 참 어려운 일이 되었습니다.
가족 나름대로 모두가 바쁘고, 떨어져 있고, 자기에게 충실하다보니….
자기에게 충실하다가 가족애(家族愛)를 놓치는 것 같지 않나요?
가족애를 중요한 위치에 두고
자기애(自己愛)보다 우월하다면 어떨까요?

주일 예배 후 각 가족 나름대로 선택미션을 주었습니다.
오후 3시가 넘어서부터 핸드폰 영상으로 속속 접수가 됩니다.
무등산 서석대에서 맨 먼저 영상이 날아오고,
늦게는 화요일 밤까지 영상이 올라옵니다.
세족식 하는 사진도, 목포 앞바다 분수대에서,
조선대학교 장미원에서….

'우리 아빠는 요리사'라는 이름으로 등등….
가족의 화목함과 즐거움들이 이 곳, 저 곳에서 있었습니다.
참 고맙습니다.
명분을 가족의 하나 됨과 가족의 의미를 만들어가자는 취지 아래
진행한 일에 동참해 주신 여러분들에게 진심으로 감사드립니다.

먼 지역에 사는 자녀들도 부모님의 부름 아래 여러 일 마다하고
가족이 하나 됨을 응해 주신 가족들에게 감사를 드립니다,
요즈음은 명절이 되어도 오가는 일이 쉽지 않아
부모가 역주행을 하여 찾아가는 지금에
온 가족이 가장의 절대적 부름 앞에
가족모임을 가져보자는 것이었습니다.
그래서 '가족의 지켜야 할 사항'도 만들고, 가족이 서로에게 섬기고,
가족이 하나임을 피부로 알게 하는 "온 가족이 하나로" 날이었습니다.

가족이라는 말의 어원이 '낮은 종'에서 시작되었다면,
가족 모두가 서로에게 종인 것이지요.
그 낮은 종의 실행이 진정한 가족이라고 하겠습니다.
종 됨의 특징은 하나입니다. 청종이지요.
내 생각과, 내 의견과, 내 주장과, 내 지식을 내려놓고
주인의 말에 복종하는 것….
부부끼리, 부모와 자녀 간에, 자녀끼리,
누구라도 서로에게 종 되는 가족이 됩시다.

2011년 7월 17일

결혼이야기

근자에 성도분들의 자녀들이 결혼에 이릅니다.
과년한 아들이나 딸들을 둔 부모로서는 당연한 일이고
행복한 일입니다.
그런데 여기저기를 보면 부모가 원하는 며느리나 사윗감과
자녀가 선택한 상대는 다른 것 같습니다.
그럼에도 자식 이기는 부모 없다고 자녀가 원하는 사람과 합니다.

작금 결혼 풍속도를 보면 남녀 모두
결혼자금으로 들어가는 금액이 만만치가 않습니다.
자녀가 모아서 가든지, 부모가 도움을 주든지
여하튼 보통 금액은 아닙니다.
신혼살림을 보면 조금씩 다르기야 하겠지만
갖출 것은 거의 갖추고 출발하는 것 같습니다.

두 사람이 결혼에서 사글세방에서 월세방으로, 전세로, 자가주택으로
점점 불려가던 옛 시대와는 판이하게 다르지요.
모든 것이 마련되고, 사랑도 충분하여 무엇이 부족할까 할 정도여서
어떤 재미로 살아갈 것인가가 궁금합니다.

결혼 할 때 남녀는 상대방에서 얻어 올 것,
가져 올 것이 많다고 여겨지면 선택을 합니다.
그런데 문제는 둘 다 그런 생각을 하면서 결혼에 임합니다.
열 개라고 한다면 상대방에게 일곱 개를 가져오고,
내 것을 세 개 주려고 하지요.
둘 다 그런 마음을 가지고 합니다.

그러다보니 각자 네 개의 차이가 생깁니다.
나는 세 개를 주려하고, 상대는 일곱을 원하지만
서로가 주지 않는 네 개 때문에
그 갈등을 해소하거나 포기하기까지 시간과 다툼이 필요하겠지요.

결혼을 왜 하느냐는 질문에
'사랑하는 사람에게 내 것을 다 주기 위해서'라고 하면 좋겠습니다.
그래서 부족하지 않는 살림에
부족하지 않는 마음들이 가득한 결혼생활이기를 바랍니다.

2012년 10월 28일

가훈

작은 방 벽에는 근례숭덕(謹禮嵩德)이라는 표구가 붙어 있습니다.
선친께서 집의 가훈으로 가져가자고 하신
서예가 박성룡 선생의 글입니다.

누워서 '삼갈 근(謹)'을 보면
'말씀 언'이란 글자에 '입 구'를 쓰실 때 가로로 긋는 획을
아주 작게 시작해서 더 크게 쓰셨습니다.
'높을 숭(嵩)'자도 상대방을 향해 인사하는 그림처럼 써져 있습니다.
'덕(德)'이란 글자도 '마음 심'자를 아름답게 쓰셨습니다.
근례숭덕이란 말은 '예절에 힘을 쓰고 덕을 숭상하자.'라는 말씀입니다.
늘 말씀하시기를 예절이 없으면 세상이 어지러워진다 하셨습니다.
선친은 그렇게 사신 분이셨습니다. 본인이 정한 가훈대로.

  하루하루를 새롭게 하며 또 하루를 새롭게 한다.
  행함과 진실함으로 하자.
  아빠는 믿음으로, 엄마는 사랑으로, 자녀는 순종으로
  주님 안에서 하나가 되는 가정이 되자.
  너는 마음을 다하고, 뜻을 다하고 힘을 다하여 하나님을 사랑하라.

꿈을 가진 사람, 미래를 준비하는 사람, 행복을 주는 사람이 되자.
하나님께서는 언제 어디든지 우리와 함께 하신다.
언제나 기도하라. 사랑하라. 감사하라.
오직 나와 내 집은 여호와를 섬기겠노라.
시작은 기도, 언제나 감사, 마지막은 기쁨.
항상 기뻐하라 모든 일에 기도하라 언제나 감사하라.

어디에서 많이 들어본 말씀이지요? 몇 분의 가훈입니다.
우리 집을 소개할 때 먼저 소개하면서
자신을 다짐한다면 가훈이 되겠지요.
그리고 책을 사면 책 안쪽 표지에도 기록하구요.
말씀을 목에 걸고, 손목에 걸고 다니라 하셨던 말씀처럼.

우리 집의 분위기를 말할 수 있는
그러면서도 자신에게 힘을 주는 말을
가지고 있다는 것은 가정울타리를 치는 것입니다.
가족 구성원 모두가 각각의 영역을 가지고 있지만
모두가 바라보는 글귀 하나에
가족 모두가 하나의 공동체를 만들어가는 것입니다.

2015년 11월 29일

왜 우리는 가족 교회를 하나요?

우리 집은 아버지, 어머니, 자녀 모두 교회를 다닙니다.
교회에 다닌 지 몇 년이 되었습니다.
그런데 자녀들의 눈으로 보기에 우리 부모님은 좋은 신자일까요?
늘 존경하고, 서로 사랑하는 것으로 느낄까요?
자녀들을 대하는 것이 세상을 넘어 하나님의 말씀을 중심으로 하나요?
우리 집에는 하나님이 계실까요?
부모님이 다투시거나 싸우시면 하나님이 계실까요?
우리 집안에 어려움이 있고, 문제가 있을 때 하나님이 계실까요?
자녀들이 아프고 힘들어 할 때 우리 집에 하나님은 어디에 계실까요?
부모와 자녀의 관계가 정녕 삶에 필요한 이야기를 주고 받을까요?
부부 사이에도 과연 진지한 삶에 대한 이야기를 나눌까요?

아버지로서의 고민은 없을까요?
일터에도 있고 장래도, 은퇴도, 건강도, 재정도 고민될 것입니다.
이것이 아버지 혼자만이 짊어져야 할 것은 아닙니다.
아내에게 이야기할 수 없는 것도 많습니다.

부부인데 십 수 년 이상 살다보니 너무 이무로운가요?

나름대로 나이 들어도 서로의 격을 유지하며,
아름다운 결혼을 완성해 가고 싶지 않나요?
자녀들이라고 어찌 부모에게 할 말이 없을까요?
그저 부모님이 말씀하시니 듣기만 해야 하
부모님에게 드릴 말씀은 없을까요?

부모는 자녀가 잘 되는 거라면 뭐든지 하고 싶고 주고 싶을 거예요
그중에 제일이 자녀를 위한 축복기도라는 것입니다.
자녀 또한 부모님을 위해서 기도하는 거예요.
문제도, 아픔도, 실수도, 기쁨도,
우리 가족의 왕 되신 하나님과 같이 사는 거예요.
그것이 가족 교회입니다. 우리 교회에만 있는.

2017년 5월 14일

행복(幸福) 5종 세트

"아빠(엄마), 아빠(엄마)처럼 되고 싶어요."
"치이, 아빠(엄마)는 알지도 못하면서…."
"아버지(어머니), 진즉 조심 좀 하셨어야죠."
"아이구, 아버지(어머니) 길 떠나기 전 화장실은 다녀오셔야죠."
"용돈이 필요하면 말씀하세요.(제발 좀 구차하게 그러지 마시고)"
_ 존경하는 송길원 목사님의 책 중에서

위 이야기는 자녀들이 부모님에게 연령에 따라 하는 말입니다.
아울러 부모가 나이 들어가면서 단계별로 듣는 말입니다.
부모 된 나는 어떤 소리를 듣고 계신가요?
자녀 된 나는 부모님에게 어떤 말을 하는 단계인가요?

해피홈이라는 타이틀은 가정행복을 위한 것입니다.
먹고 살자고 하는 일인데 먹기만 하지, 살지는 못합니다.
가족이 행복하자고 나는 열심을 다하는데
내 가족은 행복하지 않습니다.
모두 각각의 역할에는 충실할 수 있으나
'우리', '가족' 역할에는 미진합니다.

가정행복은 각각의 역할에 힘을 주어 '우리'가 되고
'서로 행복'을 쌓아가는 것입니다.
일종의 가족행복을 위한 저축인 것이지요.
평생 인출해도 잔고가 남아 있는
'우리 가족의 행복 통장'이 됩니다.

가정의 행복을 위해 늘상 해왔던 제안입니다.
가정의 식탁을 고수하고, 회복하기입니다.
거기에는 일용할 양식만이 전부가 아닙니다.
기도가 있고, 이야기가 있습니다.
'주일을 기억하라.', '주일을 거룩하게 지키라.'라는 두 개의 촛불입니다
'우리 집에 있는 교회'는 '하나님이 우리 집에 계시다.'라는 것입니다.

금번 해피홈 기간 동안의 가족행복 5종 세트입니다. 실천합시다!

① 매주일 저녁식사 전 '가족 교회'나 혹은 '행복 기대'를 합니다.
② 오늘 밤 아내에게 하루 동안 힘든 일은 없었는지 묻습니다.
③ 오늘 아침 남편을 위한 기도를 해 봅시다.
④ 오늘의 행복요리 실행 노트에 기록하고 O/X 실행여부를 표시합니다.
⑤ 매일 가족끼리 톡톡톡

그리고 매일 조석으로
"우리 집은 나 때문에 행복합니다."라고 말하고 사는 것입니다.

2018년 5월 13일

어떠세요? 결혼한 아들네 집에 마음대로 가실 수 있나요?

어떠세요? 결혼한 아들네 집에 마음대로 가실 수 있나요?
어떠세요? 결혼한 딸아이의 무례한 요구를 거절하실 수 있나요?

사랑은 '서로 사랑'하는 것이지 '끼리끼리 사랑'하는 것 아닙니다. 가정에서도 서로 그래야 합니다. 언제부턴가 결혼을 하면 부부끼리만 사랑하는 것 같습니다. 놀라운 이야기는 시부모라 할지라도 며느리의 초대 없이는 아들 집에 가지 못한다는 것입니다. 결혼하여 가정을 이룬 부부가 자기 부부끼리 외에는 양가의 부모와 친척도 함께하는 것을 꺼립니다. 이것은 '자기끼리'는 사랑할지 몰라도 '서로 사랑'하는 것은 아닙니다.

친정엄마는 이무롭다고, 막무가내가 되어 무례한 요청이 많습니다. 엄마는 그래도 되는 줄 알고, 이것저것 다 부탁하고 자녀마저 맡기면서 당당합니다. 이것은 보통 무례함이 아닙니다. 사랑은 무례히 행치 않는데 사랑을 빌미로 엄마에게 족쇄를 채우는 것입니다. 딸은 엄마가 '끼리끼리'라고 생각하고, '끼리끼리'의 울타리에 가둡니다. 그러나 엄마와 딸은 [서로 서로]입니다. 다릅니다. 더욱 살펴야 하지요.
실제 결혼하기 전에는 남녀 두 사람만 사랑을 합니다. 그 사랑의 결실로 결혼을 합니다. 사랑의 열매로 결혼하지요. 이제 그 열매가 누구누구에게 기쁨이 되어야하는데 자기들만 누리려 합니다. 즉, 그 결혼이 '둘 만의 사랑'에서 더 많은 '가족 간 사랑의 확대'라는 것을 모릅니다.

진짜 사람과 사람 사이를 '인간'이라고 하는데 그 '인간'이 되어가는 것이지요. 둘 만의 사랑이 아니라, 양가의 부모와 형제까지 사랑해야 하는 것이죠. 그것이 하나님이 계획하신 결혼입니다. 한마디로 서로 사랑하도록 구조를 만드신 것입니다. 그런데 '부부끼리', '핵가족끼리'는 사랑하면서 남편네 식구들에게는 부모마저도 '끼리끼리' 사랑에 좀처럼 끼워주지 않습니다. 친정식구들에게는 '끼리끼리'를 강요하여 '딸 가진 죄인'이 아닌데 '서로서로'를 무시합니다.

만약 그렇게 사신다면 '남편을 사랑한다?', '아내를 사랑한다?', '자식을 사랑한다?', '우리 가족을 사랑한다?' 그것은 모두가 사랑이 아닌 자기욕심의 투정일 뿐입니다. 그 욕심은 결국 큰 사랑을 놓치는 것입니다. 부부끼리와 부부와 자식끼리 만으로는 '인간'이 덜 됩니다.

사랑은 '끼리끼리'가 아닙니다.

2022년 5월 22일

식구, 가정, 하나님의 작은 성소

세계 102개 비영어권 국가 4만 명을 대상으로 한 설문에
가장 아름다운 영어 단어 1위는 "Mother"였습니다
또 세상에서 가장 소중한 가치로
"사랑. 평화. 소망. 믿음. 신뢰"를 들었습니다.
이 모든 것이 상존하고 있는 곳이 가정이지요.

"하나님이 집을 세우지 아니하면 세우는 자의 수고가 헛되다"
　(시 127:1)

가정의 행복을 위해 이모저모로 수없이 노력하겠지만
하나님이 세워주시지 않으면 어떤 노력도 수고도 헛되다고 합니다.

"남편들아 너희 아내와 동거하고 그는 더 연약한 그릇이요
　또 생명의 은혜를 유업으로 함께 받을 자로 알아 귀히 여기라
　이는 너희 기도가 막히지 아니하게 하려 함이라" (벧전 3:7)

아내와의 관계가 곧 하나님과의 소통이라고 합니다.

우리 가정을 식구로 묶고 있는 힘은 무엇일까요?

단순히 가족이라는 이름으로 가진 윤리에 입각하나요?
이것은 어쩔 수 없다는 불가피론에 그저 묶여 있나요?
아니면 서로의 필요에 따라 끈을 갖고 있는 것일까요?
아니면 영적, 인격적 운명공동체라는 소중함으로 있나요?

국어사전에서 "식구"는
  _ 같은 집에서 살며 끼니를 함께 하는 사람
  _ 한 단체나 기관에 속해 함께 일하는 사람을
비유적으로 이르는 말입니다.
하지만 사실상 '내 식구'라는 말의 깊이는 더욱 진합니다.
진정한 식구의 두 개의 기둥은 사랑과 순종입니다.

"아내들이여 자기 남편에게 복종하기를 주께 하듯 하라
  이는 남편이 아내의 머리됨 같이
  그리스도께서 교회의 머리됨과 같음이니
  그가 친히 몸의 구주시니라" (엡 5:22-23)

"남편들아 아내 사랑하기를 그리스도께서 교회를 사랑하시고
  위하여 자신을 주심같이 하라" (엡 5:25)

흔히 가정은 하나님의 사랑을 가장 첫 번째로 실천하는
성소라고 합니다.
그 성소에서 같이 밥을 먹는 영적, 육적인 식구는
성도입니다.

2022년 5월 29일

가족, 삶의 희망이다. 힘이다.

'가정이 행복하기 위해서라면
 족구 경기를 할 때처럼 규칙도 지켜야 하고 화합도 필요합니다.'

'가진 것 없고 자랑할 것 없어도
 족한 줄 알고 감사하며 살아가는 믿음의 가정'

'가족 같고 자매 같이 한 사람 한 사람을
 족장 같은 마음으로 챙겨주는 우리 셀 파이팅'

'가정을 이루고 산지 20년이 넘었네요
 족두리 쓰고 폐백 드릴 때가 엊그제 같은데'

'가난에 처할 줄도 알고 부에 처할 줄도 알아
 족하게 여기는 것이 사탄의 공격을 막는 최고의 방패랍니다'

'가장 기쁠 때나 슬플 때나 항상 곁에 있는 가족입니다
 족함도 부족함도 연연치 않고 항상 웃을 수 있는 사랑하는 가족'

'가까이 있는 내 자녀와 친척에게 복음을 전하자
족보에 하나님의 가문을 만들자'

'가족 같은 셀 식구들과 다음 주 예배 때에
족발 냉채를 먹으며 은혜를 나눠야겠어요'

'가족 교회를 세우세요!
우리 가족에게 채워지는 가장 행복한 족쇄랍니다'

'가장 좋은 복은 족함을 알고 가족이 주안에서 사랑하는 것.
가물어 메마른 땅에 심령의 단비를 부어 족하게 부어 주소서'

'가족'의 이행 시에서 '족'자에 무얼 맞추기가 마땅치 않습니다.
그럼에도 '족구', '족하다', '족장', '족두리', '족발', '족쇄'에
멋진 살을 붙여주신 분들입니다. 고맙습니다.
5월 해피 홈의 모든 주제를 이행 시로 엮어 주셨습니다.

가족! 삶의 희망이자 힘입니다.

가정, 모든 것의 시작이며 모든 누림과 행함의 현장입니다.
가족 간의 서로를 위한 배려,
그 사랑이 가득한 가정을 만들어 갑니다.

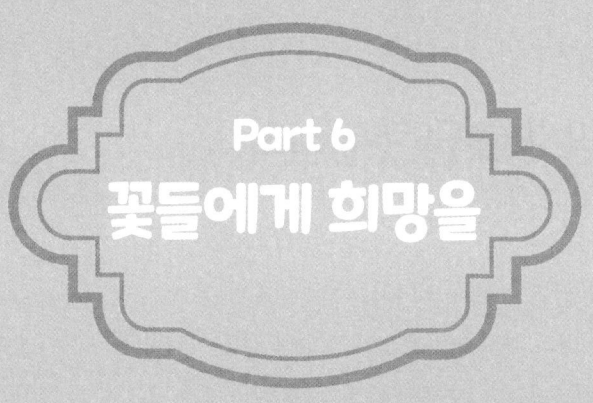

2004년 3월 7일

세상은 창조된 것입니다

세상은 우연의 산물도 아니고
몇 억 만 년의 과정에서 스스로 형성된 것도 아닙니다.
세상은 창조되었고, 그 창조된 모든 것은
자기 존재의 목적을 가집니다.
사람도 창조되어진 피조물입니다.
사람 역시 존재목적이 있습니다.
사람이 창조되어진 목적은
땅에 생육하고, 번성하고, 땅에 충만하라. 땅을 정복하라.
모든 생물을 다스리라는 것입니다.
이것은 하나님께서 사람을 창조하신 후 첫 명령이었습니다.
그 결과 사람은 행복을 누리며 창조주를 찬양하며 살게 하셨습니다.

하나님은 자기 백성에게
자기의 영역을 강력하게 통치하기를 원합니다.
생육, 번성, 충만, 다스림이란 말은 성장하여 열매를 맺고,
더욱 많이 번식하며 하나님과 함께 만물을 다스리며 살게 하셨습니다.
이것이 처음 본 사람의 비전입니다.

그런데 우리는 하나님의 자녀로 목적을 상실한 채 살고 있습니다.
물론 이 땅에 들어온 죄의 결과이기도 합니다.

아들 예수님께서 오셔서 주신 첫 말씀은
천국이 가까이 왔다고 하셨습니다.
"너희는 가서 온 세상을 제자로 삼고 세례를 주고 가르쳐 지키게 하라"
하나님의 말씀은 하나님의 다스리심을 선포하였던 것이고,
예수님은 잃은 하나님의 나라를 회복하는 데 있었습니다.
예수님은 수많은 사람이 그를 따랐지만
종국에는 12명의 제자를 가르치는데 심혈을 기울였습니다.
이전의 수많은 이적과 기적은 제자들을 위한
시청각 교육같이 보일정도 입니다.
그 제자들에게 주신 말씀에 따라 우리는 하나님의 백성이 되었습니다

우리는 그분의 명령을 듣는 하나님의 자녀가 되었습니다.

"생육하고, 번성하고, 충만하고, 다스리라.
  너는 가서 제자를 삼아라"

이것이 우리가 본 것이고 우리의 비전입니다.

2004년 6월 13일

건강한 그리스도인 성도(聖徒)와 사도(使徒)

플러스 원!
이것은 더하기 하나라는 말입니다

사람이 살면서 가장 기본적인 것은 먹는 것, 숨 쉬는 것입니다.
먹지 않고, 숨 쉬지 않으면 죽습니다.
또 운동하지 않고 움직이지 않으면 이것 역시 사는 것이 아닙니다.

기독교에서도 가장 기본이 있습니다.
숨 쉬는 것은 기도하는 것입니다.
먹는 것은 말씀이고 예배입니다.
운동하는 것은 전도 또는 봉사라고 합니다.
이것이 없으면 기독교인은 살아있으나 죽은 것이며
식물인간처럼 식물기독교인이 되는 것입니다.

성도라는 말은 부르심을 받은 자입니다.
이것은 누군가로부터 부름을 받는 것을 뜻합니다.
그 부르신 자는 하나님이십니다.

나를 불러 그분이 하시는 것은
먼저 더러움을 씻고, 새 힘과 세상을 살 수 있는 능력을 주십니다.
아직 이것을 경험하지 못하셨다면
아직 기본이 형성되어 있지 않습니다.

그리고 우리를 세상으로 보내십니다.
이것을 우리는 사도라고 합니다.
사도라는 말은 보내심을 받은 자입니다.
물론 예수님 제자를 말하는 것과는 약간 다르지만,
여기서 보내심이라는 말은 사명이 있다는 말입니다.

해야 할 일은 두 가지입니다.
하나는 나가서 교회에서 배운대로 사는 것이고,
나가서 예수 그리스도를 전하는 것입니다.
이것이 안 된다면 역시 기본이 형성되어 있지 않다는 것입니다.
기본기를 형성합시다.
그래야만이 우리는 건강한 그리스도인이 되는 것입니다.

플러스 원! 이것은 더하기 하나라는 말입니다
7월 11일을 기점으로 앞뒤로 총 5주간 동안
우리 성도들이 사도가 되는 일입니다.
건강한 성도와 사도가 됩시다.

2010년 10월 3일

준비, 준비…

제법을 넘어설 정도로 아침, 저녁이 쌀쌀합니다.
추석절을 지나면서 찾아든 차가운 기온입니다.
무더운 여름이 지나자
다양한 소그룹 활동이 활발하게 이어지고 있습니다.
실버대학도 개강을 했고, 가을학기 바이블 스쿨도 개강을 했고,
문화센터도 가을학기가 열렸습니다.
각자의 개인적 삶도 후반기의 알찬 열매를 위해
전진하고 전진할 것입니다.

우리는 지난봄에 우리들이 할 일을 정했습니다.
금년에 내가 하나님을 알지 못하는 누구에게 세례를 주는 일이라고
그것이 "모나미 153"이라고 말입니다.
다시 말씀 드리지만
우리들이 누구에게 세례를 준다는 것은 어렵습니다.
경험도 없고, 말도 못하고, 솔직히 바쁘고,
사람들이 내 말을 안 듣고 그렇습니다.
그렇지만 우리는 예수님의 제자들이 했던 방식을 본받습니다.
제자들도 고기를 잡으러 나가 밤새 새벽까지 그물을 던져

여기저기 자신의 경험과 지혜를 모두 살려서
온 힘을 다해서 해보았지만 수확을 얻지 못했습니다.
새벽에 그물은 씻고 육지에 배를 대려는데
먼 발치에서 예수님이 말씀하십니다.
"고기는 잡았느냐?"
배에서 대답합니다. "밤새 한 마리도 잡지 못했습니다."
예수님이 말씀하십니다. "배 오른 편에 그물을 내려라."
제자들은 밤새 일을 했기에 피곤했습니다.
경험상 여기는 고기가 안 나옵니다.
아니 이 시각 이 자리에 고기는 없다는 것을 압니다.
그런데 그들이 말합니다. "하긴 싫지만 말씀하시니 한번 해 보지요."
제자들은 기대하지 않았고 그저 말값이나 하자는 식이었습니다.
그런데 거기에 물고기가 153마리가 걸려 올라온 것입니다.

그렇습니다 우리는 못합니다. 해 본 적도 없고 하기도 싫고….
그러나 예수님이 말씀하십니다.
"오른편에 그물을 내려라. 너 오늘 가서 말해라."

시월입니다.
나는 할 수 없지만 말값이나 하려는 제자들처럼
오른편에 그물을 내립시다.

2018년 3월 25일

"당신은 하나님을 믿습니까?"
"예, 나는 하나님을 믿습니다!"

어떤 사람이 당신에게 묻습니다.
 "당신은 하나님을 믿습니까?"

 이 질문에 우리들의 답을 써 봅시다.
 [   ]

어떤 사람이 당신에게 묻습니다.
 "당신이 하나님을 믿는다면 불이익을 받을 것입니다
  그래도 당신은 하나님을 믿습니까?"

 이 질문에 우리들의 답을 써 봅시다.
 [   ]

이제 예수님께서 묻습니다.
 "나는 부활이요 생명이다. 이것을 네가 믿느냐?"

우리 스스로 답을 써 봅시다.
[   ]

다시 예수님께서 묻습니다.
"네가 내 부활을 믿는다면 나가서 부활을 전할 수 있느냐"

여기에도 나의 답을 써봅시다.
[   ]

예수님과 도마의 대화입니다.
도마에게 말씀하셨습니다.
"네 손가락을 내밀어 내 손바닥에 넣어 보고
 네 손을 내밀어 내 옆구리에 넣어 보아라.
 그리고 믿음 없는 자가 되지 말고 믿는 자가 되어라"

그러자 도마가 대답했다.
"나의 주님이시며 나의 하나님이십니다!"

그때 예수님이 도마에게 말씀하셨다.
"너는 나를 보고서 믿느냐?
 보지 않고 믿는 자는 정말 행복한 사람이다"

2021년 8월 1일

핵심가치 세례

그리스도인의 정체성은 세례에 있습니다.
세례라는 형식 이전에 있는 "신앙고백" 때문입니다.
세례 받는 자는 성령의 능력에 의해 "그리스도와 함께 죽고"
그와 함께 "새 생명 안에 살게 되는" 것입니다.
그리스도의 죽으심과 부활에 참예하는 것이 세례입니다.

사실 세례가 뭔 줄 알고 세례 받은 분은 많지 않습니다
어떤 분들은 마치 비몽사몽간에, 누구는 무엇이 세례인지 모르면서,
또 누군가가 받으라하니 얼떨결에, 심지어 군대에서 빵 준다니….
그렇게 엉겁결에 받는 경우들이 있습니다.
그렇다 해서 두 번 받지 않습니다.
오늘날 많은 교회는 세례가 드문 현상이 되었습니다.
새로운 신자가 없는 것이지요.
매년 세례를 본다 치면 각인하거나 회상할 것인데….

세례란 흔히 머리에 물을 붓는 단순한 행동이지만
세례에 담긴 의미는 엄청납니다
예수님은 자신의 죽음을 세례라고 하셨습니다.
우리의 세례는 예수님의 죽음에 같이 들어가는 것입니다.

그것이 하나님이 지으신 인간의 가장 큰 행복이기 때문입니다.
그래서 세례에 성령님의 분명한 임재(경험)가 있어야 합니다.
없다면, 없었다면 어찌해야 할까요?
계속적으로 주어지는 말씀 양식으로
예수님 안에 들어가는 경험을 해야 합니다.

구약에서는 유월절을 영원한 규례로 지키라고 했습니다(출 12:14).
이 유월절이 예수의 죽음과 연결되어
유월절의 떡과 피가 자신이라고 하셨습니다.
확고하게 이것을 행하여 나를 기념하라(고전 11:24~25)고 하셨습니다.

그동안 우리가 받은 세례를 한번 있는 행사로만
성찬자의 구별로만 있었음에
참 무지하게 방치하고 있었습니다. 참으로 송구합니다.
이제라도 매년 그 세례를 상기하여
자신의 신앙을 재미있고 힘있게 하고자 합니다.
그 타이틀은 "로마서 6장, Romans Six"이라고 하고 이제 시작합니다.

무엇보다도 세례는 우리 예수 그리스도의 위대한 명령입니다.
내가 세례 받은 자라면, 누군가에게 세례를 받도록
예수를 전하는 일입니다.
우리 평생에 주어진 위대한 명령,
세례는 위대한 계명을 실천할 때 주님이 하십니다.
그것은 사랑입니다.
세례는 나와 이웃을 사랑하는 최고 계명의 실천입니다.

2021년 8월 29일

우리 많이 기뻐하세! 하나님 엄청 좋아하시니

_ 유아세례에 임하는 부모의 언약입니다

"말씀 담(談) 지킬 위(衛) 이름처럼 하나님의 말씀을 지키며 사는 아이로 키우겠습니다. 예의 바른 규칙을 지키며, 어른을 공경하고, 때와 장소를 가릴 줄 아는. 마음과 육신이 건강한, 마음과 육체를 건강하게 지키도록. 경제관념이 있는, 돈을 정직하게 벌고, 가치 있게 사용하는 아이로 양육하겠습니다. 하나님의 말씀 안에서 자녀를 양육할 것이며 아이에게 모범이 되는 모습을 보이기 위해 저희가 먼저 위와 같은 삶을 살도록 노력하며 양육할 것입니다." _ 김담위(김재헌, 이세지)

"부모가 처음이다 보니 모든 것이 늘 새롭고 난관에 부딪히기 일수입니다. 그럴 때 저의 기도를 들어주시는 큰 힘 되신 하나님이 계셔서 정말 다행입니다. 오직 주님의 교훈과 훈계로 양육하겠습니다. 또 자녀의 영성, 성품, 부모나 친구 이웃등과의 관계를 위해 안전과 건강, 지혜, 학습과 진로, 바른 습관을 위해 기도할 것입니다. 아이의 어린 시절이 다시 오지 않기에 참 기쁨을 누리는 신앙을 하도록… 매사를 기도로 시작하는 아이로 키우도록 하겠습니다." _ 양하린(심희선)

"내 자녀가 어떻게 살아가면 좋을까? 라는 질문에 생각을 했습니다. 제 자녀가 편안한 삶을 살면 좋겠습니다. 마음도, 몸도, 정신도 모두 편안한 삶을 살게 하고 싶습니다. 그래서 하나님의 자녀로 살면서 세상을 살아가면서 겪을 고통과 어려움 속에서도 주님을 신뢰하고, 사랑과 선하심을 마음에 품고 살아가면 바랄게 없겠구나 했습니다. 경쟁 속에서 자랄 아이를 위해 기도하고, 믿어주고, 풍족한 마음을 갖도록 기르겠습니다.
 _ 정아윤(정동욱, 양송이)

"하나님께서 우리 가정을 언약관계로 맺은 백성으로 삼으셨습니다. 언약백성으로서의 합당한 삶을 살고, 부모가 먼저 모범이 되겠습니다. 말씀과 기도와 훈계 그리고 다음의 내용을 잘 가르쳐 주겠습니다. 순종하는 법, 경제관념, 생활 기술, 가치관 정립, 재능과 은사를 따르는 삶, 확고한 신앙, 건강관리, 원만한 가족관계 친구관계, 예의바른 삶"
 _ 하지우, 서율(하일헌, 하승)

"예수님을 믿고 따르며 전하는 아이, 예수님의 사랑을 느끼고 하나님의 창조를 아름답게 바라보는 아이, 어떤 상황에서도 하나님을 의지하고 하나님을 떠나지 않는 아이, 말씀을 사랑과 나를 사랑하고 남들도 사랑 할 줄 아는 아이가 되도록 하겠습니다." _ 김하유(김정환, 변예영)

2022년 5월 8일

참 그렇게 못났습니다

작년에 유아세례와 어린이 세례 받은 부모를 대상으로
과제로 책을 한 권 드렸습니다. 요약해서 내 주기를….
그리고 코로나 상황이라 아이들의 부모를 위한 교육이 어려웠습니다.
아이들의 세례를 재확인하고
신앙을 굳건하게 하고자 한 일이었습니다.
그래서 금년 초부터 부모를 향한 시간을 맞추다가
도저히 어려워 영상, 줌(zoom)으로 진행했습니다.

줌 강의로 다섯 번의 강의를 하기로 했는데 네 번에 마쳤습니다.
몇 가정만이 끝까지 함께해 주셨습니다.
그런데 자꾸만 제 스스로가 힘에 부치는 것이었습니다.
마치 기말고사를 열심히 준비하고 시험장에 갔는데
기말시험이 한두 주 뒤로 연기된 그런 기분 말입니다.
그래서 마지막 강의에서는 이상스레 푸념과 지친 기색이 드러나고
그리고 속히 끝내버리자는 제 풀에 겨운 귀찮음이 드러났습니다.

그것이 읽혀진 것입니다.
마치 결석한 학생은 집에 있는데 수업에 나온 아이들에게

혼내는 것 같은 인상이었을 것입니다.

여태껏 데면데면한 대충의 강의를 해 본 적은 없습니다.
그러나 열심과 최선을 다했어도
스스로가 실망하는 스스로 제 풀에 겨운 그런 강의는
차라리 강의를 못한 만, 안 한 만 못한 것이 되고 말았습니다.
강의를 마친 그날 밤 자정 넘도록 좀처럼 잠이 오지 않았습니다.
나 자신의 얄팍함과 쥐뿔같은 교만함에 그저 미안했습니다.

내 탓입니다.
마치 내 물건 좋은 거니 만들어 가지고 나가면
사람들이 다 사줄 거라는 착각을….
그런 무례한 자를 하나님께서 다 아시겠지요.
장도 서지 않았는데, 진열만 하면 나갈 거라는 맹랑하고 오만한 자를….

제 탓입니다. 많이 부끄러웠고, 죄송했고, 죄송했습니다.
수강을 하신 분에게도, 못한 분들에게도, 한동안 자숙해야 합니다.
'그럴 수 있어', '그럼에도 불구하고'를 잊은,
자신만을 생각했던 부끄러움과 어리석음과 교만함에….
참 그렇게 못났습니다.

2022년 8월 7일

우리는 그리스도인입니다

세례교인이 지교회의 성도입니다.
교회는 하나님께서 자기 백성이 지상에 있는 동안
자신을 확인하고 하나님의 뜻에 따라 살도록 주신
그리스도의 몸입니다.
교회의 일원이 된다는 것은
그 몸의 지체가 되는 것입니다.

하나님의 자녀로 살면서 행복한 삶을 살려면
항상 자신을 돌아보는 것입니다.
"회개의 삶"입니다.
그분의 가르침에 따라 살기 위해서입니다.
그분의 가르침은 자기 백성의 행복을 위한 것입니다.
그 가르침을 계속하여 배우고 훈련하는 곳이 교회입니다.

세례에서 주어지는 하나님과의 관계는
우리의 목표가 항상 하나님을 향하는 것입니다.
믿음, 소망, 사랑이 그것입니다.

믿음이란
하나님의 말씀, 성령의 인도, 교회의 가르침을 믿는 것입니다.
소망이란 예수님 약속,
'영원한 나라를 앙망하여 하늘 생명에 잇대어 사는 것'이고요.
사랑은 하나님이 날 사랑하시니
그 사랑 때문에 이웃을 사랑하고 살게 됩니다.
굳이 우리가 사는 삶에서 비유하면
믿음은 뿌리, 소망은 줄기, 사랑은 열매입니다.

그리고 하나님께서 주신
일상적인 법도(도덕과 윤리)와 양심에 충실해야 합니다.
아울러 구약에서 가장 기본적인 것은
눈에 보이는 율법으로 십계명을 지킵니다.
마지막으로 신약에서 말씀하신 모든 율법의 완성,
사랑하며 살아가는 것입니다.

이러한 삶을 살도록 사는 날 내내
내 안에 내주하시는 성령님이 계십니다.
성령께서 일러주시는 것에 즉각 반응하며 민감함이 있고 ,
나중엔 자연스럽게, 저절로 그렇게 삽니다.
이 모든 것의 시작이 세례입니다.
세례교인은 혼자 살 수 없습니다 .
성령님과 함께 성도들과 함께 살아가는 것입니다.
우리는 그리스도인(크리스천)입니다.

2022년 9월 25일

세례교인 되시는 분들에게

세례교인이란 세례를 받은 성도를 말합니다.
세례를 받았다는 말은 하나님 앞에 자신이 죄인임을 고백하고
예수 그리스도의 피로 깨끗하게 씻었다는 말입니다.
즉, 예수 그리스도를 자신의 주로 고백한 자들이지요.

이제부터 하나님의 자녀로 산다는 것이고,
하나님의 자녀는 그리스도의 몸인 교회에 속하여
함께 지체된 자들과 이 세상에서 예배자로 살다가
하나님의 나라에 가는 자입니다.
그 세례는 신앙하는 자의 자발적 고백으로 이루어집니다.

그런데 이와 같은 분명한 의식이 없이
세례 예식에 임하는 경우가 있습니다.
본인이 그런 의미를 자세히 새겨듣지 못한 채 세례를 받거나
분명한 신앙고백 없이 세례를 준 경우도 있습니다.
세례를 받은 날이 오래되어 신앙이 묵혀진 경우도 있고
그날이 언제인지도 모르는 신앙인도 있습니다.

그래서 세례를 다시 되새김질하는 것입니다.
새로운 신자들의 세례일에 맞추어
'세례 시즌'(세례일을 앞둔 4주간)을 갖습니다.
세례 명령은 예수님의 지상사역의 마지막 명령이었습니다.
이를 성도들이 가진 위대한 사명이라고 합니다.
위대하다 함은 주되신 예수님의 명령이기 때문이지요.
이 세례에 대한 되새김질(세례 시즌)은 오랜 고민의 결과입니다.

자신의 세례를 돌아보는 것.
비록 분명한 의식 없이, 확고한 고백 없이 세례를 받았어도
또는 오래 묵혀져 세례 의미가 퇴색되어
그리스도인의 신분이 잊힌 분들을 위하여
그리고 분명한 신앙고백으로 살아가는 건강한 신자에게
'세례'를 되새김하는 것은 이행자로서의 정체성입니다.

우리들의 정체성은
예수 그리스도의 제자로 예수의 "위대한 명령"의 이행자입니다.

세례는 위대한 계명을 실천할 때 주님이 하십니다.
그것은 사랑입니다.
세례는 나와 이웃을 사랑하는 최고 계명의 실천입니다.

Part 7
올리브 축제

2003년 9월 14일

우리는 대단한 사람들입니다

예수님은 3년 동안의 공적인 인생을 사셨습니다.
그분의 인생을 대표하는 것은 네 가지였습니다.

"말씀을 가르치심 - 병을 고치심 -
귀신을 쫓으심 - 하나님의 나라를 전파함"

그러나 이 모든 것을 하나로 말하면
하나님의 나라를 실제로 사시고 보여 주신 것이었습니다.

그리고 그러한 인생을 살도록 자신이 인생들을 대신하여 죽었습니다.
사람들의 죗값을 치른 것입니다.
그리고 자신을 받아들이는 사람에게는
모두 다 하나님의 나라를 약속했습니다.
죗값을 확실히 치렀음을 확인하는 표시로 그분은 다시 살아나셨습니다.

그리고 이젠 자기를 믿는 백성과 영원히 함께하시기 위해
하늘로 올라가셨고 성령을 보내 주셨습니다.
그 성령은 오셔서 하나님의 나라에 속한 백성과 함께 계십니다.

그리고 그 백성은 성령님과 더불어
예수님의 사역을 연속하여 진행하는 것입니다.
그 백성은 교회라고 하는 그리스도의 상징 아래 모여서
예수님의 지상사역을 계속하는 것입니다.

그것은 역시 하나님의 말씀을 가르치고, 병든 자를 고치고,
귀신을 쫓아내며, 하나님의 나라를 전파하는 것입니다.
이를 위해서 교회를 두시고 자기 백성을 담는 그릇으로 하였습니다.
교회는 예수 그리스도의 지상사역을 연장하여
주님이 오실 때까지 하는 것입니다.
그리스도께서 보내신 성령님과 함께
이 일은 모든 진정한 그리스도인들의 사역입니다.

우리는 어떤 일에 종사하든지, 어디에 있든지,
교회의 사명에 하나 되는 일로 부름을 받습니다.
이것을 에클레시아라고 합니다.
이 에클레시아가 나에게 임한 것입니다
그리스도의 일을 위하여!

우리는 그렇게 하나님의 일, 그리스도의 일을 하는
세상이 감당하지 못하는 정말 대단한 사람들입니다.

2006년 5월 14일

할 수 있는 일

내 아이가 할 수 있는 일을 생각해 봅시다.

스스로 자기 방을 청소한다.
스스로 거실을 닦는다.
스스로 아침에 일어난다.
스스로 컴퓨터 사용을 조절할 줄 안다.
스스로 이부자리나 침대를 정리할 줄 안다.
스스로 숙제는 한다.

세월이 가다 보면
수박을 자를 줄 모르는 사람도 많아지고,
사과를 못 깎는 사람도 많아지고,
젓가락질 못 하는 사람이 많아지고,
못을 못 박는 사람도 많아지고….

그런 이야기를 했습니다.
우리집 아이들이 스스로 할 수 있는 일은
컴퓨터를 켜고 게임을 하는 일과

라면을 끓여 먹는 일 두 가지뿐일 거라고
나머지는 다 누군가가 시켜야만 할 것입니다
세상이 엄청나게 편리해지면서
모든 것이 돈으로 해결된 것만
습득할 것이지, 체득하지는 않을 것입니다.

우리 그런 것을 한번 해 보면 어떨까요.
내가 할 수 있는 일을 무엇이든지 적어보세요.

예를 들면
노래를 할 수 있다. 그렇다면 더 잘 해 보자.
자동차를 운전할 줄 안다. 그렇다면 더 잘 해 보자.

모두가 시켜서 하는 일인가,
아니면 나 스스로 할 수 있는 일인가를 살펴보는 것입니다.
내가 세상을 살아가야지, 세상이 나를 살게 하지 맙시다.

이것이 우리가 가고자 하는 플러스 원의 하나이기도 합니다.

2008년 1월 13일

명멸(明滅), 먼저와 나중

얼마 전 복도에 게시한
부부 디스커션 기수별 사진을 곰곰이 들여다보았습니다.
오랜 세월 동안 같이 있었던 분들과 떠나신 분들,
나타났다, 사라졌다 하는 것을 명멸(明滅)이라 합니다.
좋으나 궂으나 시종일관 초지일관 일편단심으로 하여
지금까지 명명(明明)하신 분들이 있고,
어쩔 수 없이 타지역으로 이사를 하신 분들도 계시고,
이래저래 이유로 가신 분들도 계시고,
그렇게 이래저래 오신 분들도 계시고
명멸의 귀한 이름들을 봅니다.

한때, 한때 우리 교회의 구석구석을 채워주셨던 분들입니다.
사진 속에 한 얼굴을 볼 때마다
한없이 감사한 분들의 얼굴이 클로즈업되다가,
슬그머니 눈을 감아 아쉬운 얼굴들의 파노라마를 펼쳐봅니다.

교회는 구속받은 백성의 모임이지만,
어느 면에서 참 구속력 없는 곳입니다.
부초가 되어서 어느 교회와 또 어느 교회에 간들

누가 뭐라 할 것도 아니고, 바위가 되어 묵묵히 계신다고
누가 상 주는 것도 아니고 오직 하나님과 나 외에 누가 알겠습니까?
그럼에도 바위처럼 굳게 비가 오나 눈이 오나 묵묵히 지켜주신
분들에게 다시금 감사를 드립니다.

금번 교회에서 일꾼을 선출합니다. 다 일꾼이지만 법도에 따라갑니다.
이래도 저래도 감사이기를 진심으로 바랍니다.
감사함으로 받으면 모든 것이 합력하여 반드시 선을 이루실 것입니다.

이제 피택 되신 분들과 이왕 중직자 여러분에게 식상한 것으로 다 아는
이야기지만 아들에게 주는 어머니의 10가지 교훈이랍니다.

몇 개를 발췌해 봅니다.
① 하나님을 친아버지 이상으로 모셔라.
② 주일예배는 본교회에서 드려라.
③ 아무도 원수로 만들지 마라.
④ 아침에 목표를 세우고 기도하라.
⑤ 잠자리에 들 때는 하루를 반성하고 기도하라.
⑥ 아침에는 꼭 하나님의 말씀을 읽어라.
⑦ 예배 시간에는 항상 앞에 앉아라.

명멸해 가는 성도들 가운데 명명하기만을 기원하면서 말입니다.
오늘 피택 되신 분들은 먼저 불러 일을 맡기는 것이고
오늘 아니 되신 분들은 나중에 부르신다는 것을 믿으세요.
그저 먼저와 나중만이 있을 뿐입니다.

빛과 소금으로 살다

2008년 7월 20일

일꾼과 일감

언젠가 집회에 오셨던 목사님의 말씀이 생각납니다.
일꾼은 일이 있다고 교회 나오라고 전화하는 사람이고,
일감은 그 전화를 받는 사람이라고 했습니다.
그러면서 일꾼인 사람이 일감이 되면 교회의 암적 존재라고 하셨지요.

금번에 우리는 안수집사 15명과 권사 23명, 명예 권사 9명의
임직식을 했습니다.
이전의 임직받은 분들과 함께 교회 일꾼이 더욱 두터워졌습니다.
이왕에 일꾼이 되셨지만 이제 확고히 주목받는 일꾼이 되셨습니다.

일꾼!
누구의 일꾼이냐고 하면 하나님 나라의 일꾼입니다.
그래서 그 일꾼들의 일하는 방법도 결과도 하나님이 정하십니다.
그 방법은 섬김과 사랑입니다.
그것을 위해서는 자신의 지식도, 권리도, 주장도, 경험도
둘째 순위입니다.
내가 섬기는 대상에 대한 모든 우선권을 드리는 것이 방법입니다.
항상 "주님 내 뜻대로 마옵시고 주님의 뜻대로 하옵소서."입니다.

더 나가면 "주님은 흥해야 하고 나는 망해야 합니다."입니다.
맡겨진 일은 작든지 크든지 상관이 없습니다.
일단 맡겨진 자에게 먼저 할 것이 있습니다.
일하기 전에 기도하는 것이고,
기도는 일을 잘할 수 있는 능력을 달라는 기도와
오직 이 일에 충성하겠다는 것이 우선입니다.
충성이라는 것은 다름 아닌
초지일관(처음부터 끝에 이르기까지 변함없이 사역)입니다.
그 결과는 사람에서 칭찬도 듣지만, 하나님께서 주시는 위로와
기쁨은 세상이 주는 그런 것과는 다를 것이며
장차 그 일에 대한 아름다운 상급을 주신다고 약속하십니다.
새로 임직받은 분들과 이미 임직받은 분들이
이제 우리 교회 중흥의 역사를 새로 쓰는 참 좋은 일꾼이 될 것입니다.
그 일이 무엇이든 자기의 일을 맡기신 이가 하나님이시라면
변치 않는 충성으로 하나님을 기쁘시게 하는 일꾼이 됩시다.

충성된 일꾼은
마치 추수하는 날에 얼음냉수와 같아서
주인의 마음을 시원케 한다고 했습니다.

일꾼이 되신 분들은
어쩌다 한번 일꾼이 되지 마시고
초지일관한 일꾼이 되소서.

2008년 8월 17일

하나님의 사랑에서 끊을 수 없는 사람들

비바람 천둥 번개가 무섭게 치던 날, 지난주 금요일 7시부터 8시 사이의 일입니다. 예년에 보지 못한 강한 바람이 불었습니다. 얼마나 뇌성 번개가 치던지, 아마 반평생을 살면서 이만치 한 시간 정도에 퍼붓는 뇌성벽력 천둥은 처음이라고 몇 분들이 입을 모았습니다.

군데군데 전기가 나갔습니다. 엘리베이터가 작동이 멈췄습니다. 건물 지하, 2층, 5층에 전기가 나갔고 근동지역에 전기도 나갔습니다. 비는 굵은 장대비로 쫘악쫘악 뿌려댑니다. 굵은 장대비라도 세찬 바람 앞에 춤을 춥니다. 불과 10분여 전만 하드래도 맑았는데…. 무더위로 건물 전체 층의 열린 유리창 안으로 엄청나게 파고들고 본관 지하로 내려가는 계단에 자복하게 물이 흘러듭니다. '번쩍번쩍 우르르 쾅쾅' 금세라도 누구를 내려칠 것 같았습니다.

창문을 닫고 누수를 대처하느라고 이리 뛰고, 저리 뛰다 보니 비는 억수처럼 맞아 완전히 물에 빠진 생쥐 꼴입니다. 우산은 언감생심입니다. 바람에 이기지 못하고 또 번개가 내리치는데…. 그런데 온몸이 땀이 납니다. 비를 철철 맞는데 땀 또한 송골송골 입니다.

금요일 밤 7시경에 시작된 일입니다. 8시 30분 가까이 오늘 밤 9시 금요예배기도회가 있는데 어떡하나? 금요 찬양팀은 7시 30분부터 연습한다고 이미 약속이 되었답니다. 문자나 전화해서 오늘 못한다고 그냥 9시에나 오시라고 하면 어떨까? 9시 기도회, 오늘 쉰다고 긴급연락망을 가동할까? 너무 엄청나서 이러지도 못하고 저러지도 못한 채 7시 20분경,
아, 찬양팀 멤버들이 속속 도착합니다. 임복현, 이동규, 정정애, 차윤님, 방세진, 정도진, 박정호, 김정례. 아, 차라리 뇌성 번개 천둥소리보다 이들이 더 무서웠습니다. 맡은 게 무엇이라고. 오늘 같은 날 뻔히 몇 분 나오지 않을 기도회에 천둥보다 더 크게, 번개보다 더 빠르게 오셨습니다.

이미 본 예배당에 전기는 강대 위만 겨우 남고 물론 방송실 전원은 끊어졌지만 이들은 그 흠씬 젖은 모습으로 뇌성보다 더 큰 찬양을 올렸습니다. 역시나 그날 장대비와 뇌성과 벽력을 뚫고 기도회에 오신 분은 적었습니다. 적은 무리였지만 하나님의 사랑은 장대비도 뇌성도 벽력도 막지 못했습니다. 나누는 말씀과 찬양과 기도 안에는 비도 번개도 천둥 무서움도 일 푼어치 없었습니다.

그날 밤, 맡은 자에게 구할 것은 충성이라는 말씀의 임재를 보았습니다. 천둥소리보다 뇌성 번개보다 더 무서운 하나님의 사람들을 보았습니다.

2010년 7월 18일

제초 작업과 고마운 사람들

여름엔 녹색이 무성해서 좋습니다만
잡초가 무성하다는 것도 무시할 수 없습니다.
작지만 화단과 주차장 주변의 잡초는 그야말로 대단합니다.
아무도 관심 두지 않고, 아무도 뿌리지 않고, 아무도 기르지 않는데
얼마나 잘 자라는지. 사람이 하는 일에 그랬으면 합니다.
지난주 토요일엔 요란한 기계음이 나서 나가보니
햇볕은 쨍쨍인데 몇 분의 집사님이 땀 비에 젖어
주차장의 잡초를 자르고 있었습니다.
미안하리만치 더운데….

월요일 새벽, 아직 하늘에서는 비가 솔솔 뿌리는데
교회 앞마당에 도란도란 소리가 나 내다보니
연로하신 권사님들과 성도 한 분 등 네 분이
교회 앞마당의 화단에 무성하게 자란 풀들을 뽑았습니다.

누가 시킨 일도 아니고, 누가 알아주지도 않는 일이었고
사람들이 많은 시간대도 아니었습니다.
참 고마운 분들입니다. 교회를 참 사랑하시는 분들입니다.

몇 번의 말보다도 말없이 실천하시는 남자 집사님 몇 분과
연세 드신 권사님과 성도의 봉사는 실상 폼 나는 일도 아닙니다.

그렇게 주중에 있다 보면 은근히 오셔서 방송실을 점검하고 가는 분,
화장실에서 화장지 갈아 끼우고 가는 분,
주말에 청소 못 온다고 몰래 오셔서 예배당을 청소하는 분,
주일 새벽이면 주보를 접는 일에 책임을 완수하는 분,
'하수구가 막혔어요, 물이 안 나와요'에 온갖 일 제치고 달려오는 분,
군데군데 손 볼 데를 돈 한 푼 받지 않고
재료비의 수고까지 온 힘을 다하는 분,
교회 커피 자판기는 대한민국 최고의 클린 자판기로 관리하는 분,
주일마다 온 건물의 잡동사니 쓰레기를 정리하는 분,
여기저기 늘어진 잡다한 쓰레기들을
그저 트럭 하나로 다 싣고 가버리는 분….

지난주에는 교회 생일이라고
청년대학부 리더들과 멤버들이 설거지하고
식당 주방 청소를 싹싹 해대고 없는 듯이 돌아갔습니다.
자기 집처럼 주방이나 사무실 이모저모를 꾸미고 관리하시는 분들….

한량없는 감사를 드리고 또 감사를 드리고 감사를 드립니다.

2011년 5월 15일

일꾼 됨

지난 5월 8일, 우리는 세 분의 장로와 한 분의 취임 권사,
열 분의 안수집사, 열한 분의 권사를 선출했습니다.
교회에서 어떤 직임을 항구적으로 갖는다는 것은
'나는 이제 온전히 하나님의 일꾼이 되었음'을 말하는 것입니다.
즉, 교회적인 삶과 내 개인적인 삶이 하나라고 생각하시면 됩니다.
그야말로 교회의 짐들을 지고 가는 짐꾼의 자리이지요.

누가 되고, 안 되고 하는 것의 차이는
하나님께서 지금부터 짐꾼으로 쓰시겠는가,
조금 있다가 나중에 쓰시겠다는 것이냐의 차이입니다.
어서 빨리 하나님의 짐꾼이 되겠다 하면 그야말로
'하나님을 기쁘시게 하는 분'이고,
나는 '나중에~ 나중에~' 하시겠다면
아직 짐꾼으로 본인이 부족하다는 '겸손한 분'이지요

교회의 직분은 족쇄일지도 모릅니다.
나의 모든 말과 행동에 제약받기 때문입니다.
다시 말해 개인적인 삶과 교회적인 삶이 하나이기에
자칫하면 교회적 삶의 잣대가 매사에 적용되거든요.
나는 개인이 되고 싶은데 사람들은 교회적으로 판단해 버리거든요.

금번에 선출되신 분들은 '추천'과 '본인의 의지'
그리고 '성도들의 지지'로 된 것입니다.
여기에 분명 '본인의 의지'가 있었기에
그 두 개의 삶에서 하나의 삶이 주어진 것입니다.

하지만 이젠 영적 스트레스가
세상의 스트레스보다 큰 사람이 된 것입니다.
직분을 가졌는데 직분자답지 못했을 때 받는
영적 부담감은 그야말로 크거든요.
물론 그 부담감 없이 영적 삶의 자유를 은혜 안에 살아버리면
이는 하나님의 은혜 강물 흐르는 자유이지만,
그렇지 않으면 더욱 하나님 앞에, 교회 앞에, 자신 앞에,
사람 앞에 고개 들기 어렵거든요.
이 영적 스트레스는 언제나 고귀한 부담이 되는데
이것을 '짐'이라 하지 않습니다.
'짐'을 지지 못할 때 져지는 것이 영적 스트레스이지요.

쉬운 방법이 아주 쉬운 방법이 있습니다.
어차피 내가 하나님의 소유라면
(물론 이것이 인정이 안 되면 어렵지만)
그분이 원하는 대로 무엇이든 하십시오.
'나'는 다 내려놓고, '나'는 없다고.
그러면 놀랍게도 그분이 일하시고, 나는 그 곁에서 같이 가는 것이고,
그 짐이 '짐'이 아니라 '무게중심'이 되고,
'삶의 중심'이 되어 평안케 되는 것입니다.

2011년 6월 19일

참 고마운 기쁨이요, 면류관

자화자찬일 수 있습니다만,
다른 누구를 만나도 우리 교회를 많이 자랑합니다.
"나는 참 행복한 목회자입니다."라고.
다른 분들이 안 된다고 하는 일들이 잘되고 있고,
다른 분들이 사람이 없다고 하는데 일하는 사람이 많고,
다른 분들이 어렵다고 하는 일들이 쉽게 되는….

실제로 참 고맙습니다.
부족하고, 잘나지 못한 목회자를
정말 잘 밀어 주고, 따라 주시고 도와 주십니다.
장로님들도 다른 여느 곳보다 하나가 되어 앞장서 주시고,
안수집사님들도 자기의 영역에서
그야말로 노는 분이 한 분도 없고요.
일하는 정도가 아니라 열심과 최선을 다하여 주시고,
권사님들도 자치회의 규정에 따라 역량 이상으로 일해 주시고,
각 사역 팀장과 팀원들의 역량은
이제 그야말로 자가발전이 가능합니다.
셀 리더들과 다음 세대의 리더들도.

사도바울이 나의 기쁨, 나의 소망, 나의 면류관이라고 표현하듯이
그런 분들이 우리 성도들입니다.
한 분, 한 분 가정적으로 변화되고
하나님 중심으로 살고자 하는 모습들이 얼마나 자랑스러운지….

어쩜 분에 겨운 대접을 받는 것이지요.
한량없는 사랑을 받는 것이지요.
그야말로 제대로 한 것도 없고 늘 어리숙하고 부족한데도
동역자가 되어주는 고마운 우리 교회 성도들.

'나는 행복한 목회자입니다.'
모두가 행복한 교회 모두가 신앙이 힘이요, 기쁨인 교회를 향해
함께 꿈을 꾸고 함께 이루어 갑시다.

2011년 9월 18일

더욱 건강한 교회를 위하여

사람들은 보는 것만치 하고 들은 것만치 한답니다.
보는 것이 듣는 것보다 백배 낫다고 합니다.
하지만 보지는 못했지만,
듣는 것이 수많은 상상의 나래를 펴기도 합니다.
또한 듣지 못한 것을 보기만 해도 역시 상상의 나래를 폅니다.
무엇이든 발전하는 일에 있어 보고 들은 것이 중요하고,
더 중요한 것은 보고 들은 것을 배우는 것입니다.
그러면 그것을 할 뿐 아니라 더 잘 할 수 있답니다.
자녀들 공부도 수업 시간에 선생님을 보고 듣는 것과
그냥 듣기만 하는 차이는 큽니다.

교회는 한 교회를 오래 다니는 것이 하나님이 좋아하실 일입니다.
아마 평생 한 교회만 섬겼다고 하면 그 신앙의 내용이 어찌하든지
그 신앙은 칭찬을 들을 만합니다.
그 어찌 이동이 없겠으며, 어찌 맘 상하고 속상함이 없겠으며,
싫증이, 갈등이, 불평이 없겠습니까? 권태가 없겠습니까?
그럼에도 한 교회에 출석하는 것은 엄청난 것입니다.
하나님 나라에 가장 점수를 많이 받을 분은

한 교회만 일평생을 섬긴 분이 아닐까요?
거기에다 맡은 일, 봉사하는 일도 한 해를 거르지 않았다면.
어떤 분은 46년을 주일학교 교사를 하신 분이 있고.

반면 우리 것이 좋은 것이지만 우리 교회만 다니다 보면
다른 교회의 좋은 것을 보지 못하고 듣지 못하고 지낼 수 있습니다.
금번 새로 임직 대상자와 공동체 팀장, 간사 등 40여 명이
5주에 걸쳐 서울, 부산, 경기, 대전 등에 있는
9개의 교회를 선정하여 조별로 다녀오게 됩니다.
과거 우리나라 역사 속에서 사신들이 외국을 다녀올 때마다
신문물과 문화를 접하여 한층 더 전진해 가는 것과
변화해 갔음을 알 수 있습니다.

찾아가는 교회가 크고 화려한 곳이 아닙니다.
나름대로 건강한 교회라고 알려진 교회들입니다.
가셔서 보시고, 들으시고,
오셔서 우리 교회를 더 건강한 교회로 만들어 가리라 믿습니다.
예리한 눈과 열린 마음으로 적극적인 행동으로 다녀오실 것입니다.

하나님이 보시기에 좋은 교회와
우리가 모두 더욱 건강한 교회를 위하여.

2012년 6월 17일

대수롭지 않은 자는 아무도 없답니다

상을 자주 받는 학생은 상의 종류에 따라 가치를 부여하겠지요. 그래서 어떤 시시한 상은 받으나 마나 하겠지요. 하지만 상을 받아보지 못한 학생은 어쩌다 한번만 받아도 오래오래 기억하지 않을까요?

아주 오래 전 우리나라는 세계올림픽에서 금메달을 한번 따는 것이 소원이었습니다. 1948년 참가 이래 기대하던 최초의 금메달은 1976년에 땄고, 그 선수는 오래 기억합니다. 그런데 그다음 출전부터는 6개 그리고 많이 따던 해는 13개 정도를 따니까 별로 기억도 안 합니다. 은메달이나 동메달은 기억 커녕 알아주기나 할까요? 아니, 참가했는데 아예 예선 탈락하고 온 팀이나 선수는 어떨까요? 이제는 예전에 못 하던 동계올림픽이나 피겨 스케이트 등에 메달을 따도 잘 모릅니다.

그러나 금메달을 딴 선수나, 참가해서 탈락한 선수나 모두 대한민국 최고의 선수입니다. 아울러 우리나라 대표 선발전에 나간 선수들도 그 지역이나 팀에서 나름대로 최고입니다. 그뿐만 아니라 출전한 선수는 그 누구라도 그 집안에서는 최고의 아들이자 딸입니다.

그렇게 우리들은 하나님에게 모두 최고의 사람입니다. 자녀 중에 누가 세상적으로 성공했다고 반드시 부모에게 최고가 될 수 없습니다. 진정한 최고는 부모가 인정하는 자입니다. 어떤 모습이든 부모의 마음을 가져간 자입니다. 우리들이 그렇게 하나님의 마음을 가져간 자입니다.

우리들 누구 한 사람도 귀하지 않은 사람이 없습니다. 금메달도 아니고 대표선수도 아니지만 내게는 내 아들딸이 제일 귀하듯이, 하나님 보시기에 나는 그 무엇도 아니고, 그 무엇도 못 하고, 그 무엇도 없지만 세상 누구에게도 줄 수 없는 자녀이고, 누군가가 내 자식 못났다 하면 쌍심지 켜고 달려들어 내 자식 보호하시는 아버지입니다.

혹, 해로운 일을 하거나 위험한 일을 당하면 목숨 걸고 막으시고, 대신하여 목숨 던지십니다. 그분이 하나님이시고 나의 아버지입니다. 상장이 하나도 없고 메달도 없어도 어쩌면 내가 스스로 무능해 보일수록 아버지는 나를 향한 관심이 누구보다 더하실 것입니다.

우리들의 상은 세상에 썩어질 상이 아닌 영원한 상이 있습니다. 세상의 귀하고 귀한 금조차도 영원한 하늘나라에서는 길바닥을 만드는 데 씁니다. 황금으로 깔아놓고, 수정으로 깔아놓은 길을 걷는 우리들이 아버지의 상급입니다.

우리 중 누구도 대수롭지 않은 이가 없습니다. 자, 옆을 보십시오.
나이도, 연조도, 직분도, 봉사도 모두를 다 초월하여
정말로 하나님의 대수로운 분들입니다.

2013년 5월 19일

목회자와 성도의 관계

_ 갈라디아서 6장 6절

목회자와 모든 좋은 것을 함께 나누어야 합니다.
하나님의 자녀는 하나님의 말씀을 가르치는 자와
좋은 것(물질과 마음과 삶)을 나누라 합니다.
교회와 목회자에게 제일 좋은 양식이 있습니다.
그것이 밥입니다. 그 밥은 곧 기도입니다.
교회와 목회자에게 있어서 기도하는 성도는 밥이기에 힘이 됩니다.
기도하는 성도는 사단의 유혹으로부터 보호하는 성령의 방패입니다.
그래서 그 밥을 주는 성도가 제일 고맙습니다 .

그리고 목회자와 좋은 인간관계를 맺으라고 합니다.
히브리서 13장 17절은 말씀합니다. 순종하고 복종하라고.
지도자들에게 순종하고, 복종하십시오.
그들은 쉬지 않고 여러분의 영혼을 돌보아 주고 있습니다.
그들은 장차 하나님께 내가 한 일을 낱낱이 아뢰어야 할 사람들입니다.
그들이 괴로움 없이 기쁜 마음으로 이 일을 할 수 있게 해 주십시오.
그렇지 않으면 그들의 일이

여러분에게 아무런 도움도 되지 못할 것입니다.

순종과 복종을 구별하면 다음과 같습니다.
순종은 마땅히 따라야 할 것이고
복종은 마땅치 않아도 따르는 것입니다.
순종이란 옳지 않은 것에는 할 수 없지요.
그러나 복종은 틀려도 따르는 것입니다.
군대에서는 복종이지 순종이 아닙니다.
지휘관의 판단과 결정이 마땅치 않아도 따르기에….

목회자와 교회의 일에는 순종하고, 복종하라고 말씀하십니다.
물론 목회자가 틀린 일이 있습니다.
그때 "목사님! 이것은 옳지 않습니다. 그러나 따르겠습니다."
이것이 아름다운 자세입니다.

물론 잘못이 있습니다. 그래도 잘해야 할까요? 어렵습니다.
그러나 잘못하는 목회자에게도
언제나 잘하는 성도가 정말 좋은 성도입니다.
다른 말로 목회자의 됨됨이와 잘잘못과 관계없이
목회자에게 잘하는 성도가 정말 좋은 성도입니다.

더 나아가 목회자의 사역에 적극 동조해 주고, 격려해 주고,
정직한 권면을 주는 분이 성도이고 진정한 동역자입니다.

2013년 7월 14일

조직의 힘을 보여 줍시다

무슨 조폭들의 이야기처럼 들리네요. 다른 말씀이 아니라
우리 교회 안에는 각 기능적 조직이 여럿 있습니다.
우선 공동체가 있습니다.
예배, 셀, 가정, 선교 구제, 교회관리, 다음 세대의 오렌지 1, 2, 3 ….

공동체를 살리는 각종 팀도 있지요.
전도, 방송, 새가족, 중보기도, 교육, 주방, 찬양, 성가대, 심방팀….

그리고 우리 교회의 DNA에 해당하는 각 셀그룹이 있습니다.
장년셀, 청년셀, 유스셀.
아울러 교회의 근간이 되는 행정적 조직이 있습니다.
당회, 권사회, 안수집사회, 제직회.

그뿐만 아니라 한시적인 취미 소그룹도 있습니다.
아직 아무 곳에도 안 들어 있다고요?
걱정하지 마세요. 손만 들면 누군가가 오라 하실 거예요.
귀찮다고요? 하나님이 귀찮은 것은 아니시죠?
그럼, 못 이긴 척 들어가세요.

나 하나가 자리에 있어 줌으로 용기백배 되는 것이 조직이랍니다.
자, 손들어 보세요. '나를 데려가세요.'

모두가 하나의 조직이지요.
이제 그 조직들의 단결된 힘을 보여 줍시다.
모든 조직은 '봉사의 일'을 하게 하며, '성도들을 온전케' 하며,
'예수 그리스도의 몸을 세우는 일'을 합니다.
그것이 목적이며, 목표이며, 방향입니다.

그 목적과 목표와 방향으로
한 줄로 서지 말고 나란히 서서 갑시다.

매월 일이 없건 있건 모입니다. 모이는 것이 조직의 힘입니다.
모이면 건강한 이야기와 강력한 기도로 튼튼합시다.
살리는 이야기, 힘이 되는 이야기가 살아 있는 조직이 됩시다.
모일 때마다 조직의 단합된 모습을 보여 줍시다.
하나님이 기뻐하실 일입니다.

2017년 2월 19일

제직학교 및 중직자 리빌딩

주님께서는 이 땅에서의 자기 백성을 교회에 두셨습니다.
그리스도의 몸으로서 교회를 말씀하시고
본인이 친히 머리가 되십니다.
자기 백성은 그 몸을 구성하는 지체로 세우십니다.
우리 교회의 제직들이 그 온전한 역할로 자신의 신앙이 건강하고,
교회가 건강하기 위하여 제직학교 및 중직자 재건을 합니다.

성경은 말씀합니다. 장로와 집사와 권사는
① 책망할 것이 없고
② 한 아내(남편)의 남편(아내)이어야 하며
③ 절제할 줄 알고
④ 신중하며
⑤ 단정하고
⑥ 남을 잘 대접하고
⑦ 잘 가르치는 사람이어야 합니다
⑧ 술을 좋아하거나
⑨ 구타하는 일이 있어서는 안 되며
⑩ 오히려 관용을 베풀고
⑪ 다투지 말며

⑫ 돈을 사랑하지 않고
⑬ 자기 가정을 잘 다스려 자녀들로 깍듯이 순종하게 하는 사람
⑭ 교회 밖에 있는 불신자들에게도 좋은 평을 받아야 합니다.
⑮ 한 입에 두 말하지 않으며
⑯ 더러운 이익을 탐내지 않으며
⑰ 깨끗한 양심에 믿음의 비밀을 가진 사람이어야 합니다.

이런 자라도 먼저 시험해 보고 책망할 것이 없으면
장로, 안수집사, 권사로 섬기게 합니다.
장로와 안수집사와 권사의 직무를 잘 수행한 사람은
높은 지위를 얻고, 큰 확신을 두고 그리스도 예수님을 믿게 됩니다.

교회 안에서 장로와 집사와 권사의 임무는 다음과 같습니다
① 목회자의 조력자요, 협력자이고
② 성도 간의 사랑으로 교제하는 솔선자입니다.
③ 주님의 "지상계명: 서로 사랑하라"와
   "지상명령: 가서 세례를 주어라"의 헌신자입니다.
④ 예수 그리스도와 교회와 성도들을 자랑하는 홍보자입니다.

또 장로와 안수집사와 권사의 신앙관리는 이렇습니다
① 규칙적인 기도 생활과
② 생활화된 말씀 생활과
③ 적극적인 예배 생활입니다.
중요한 것은 기도, 말씀, 예배인데 그것을 수식하는 형용사입니다.
"규칙적인, 생활화된, 적극적인"이 핵심입니다.

2017년 6월 4일

중직자 선출을 위한 기도

우리에게 큰 사랑을 베푸시고,
그 사랑으로 언제나 우리를 용서하시고,
긍휼히 여기시는 하나님 감사합니다.
오늘 우리 빛과 소금교회가 2017년 중직자를 선출합니다.
하나님께 충성하는 교회의 일꾼을 뽑는 일입니다.

선출되는 일꾼들이 믿음의 눈으로 세상을 살도록 하옵소서.
아울러 우리 성도들도 이번 기회로 더욱 성장하는 계기가 되게 하소서.
은혜의 하나님, 우리 성도들은 중직자들을 존중하며
서로 사랑하고, 서로를 존경하고, 서로를 세워주는 자가 될 것입니다.
중직자들은 교회의 일감이 아닌 확실한 일꾼이 되게 하소서.

지금까지 우리 교회를 사랑하신 하나님 아버지,
담임목사를 비롯한 기존의 네 분의 장로, 교역자들도
하나님의 마음을 시원케 해드리는 참 좋은 일꾼으로 인도하소서.

빛과 소금교회의 모든 중직자는 하나님 나라의 귀 뚫린 종들입니다.
하나님의 종으로 살아가는 것을 기쁨으로 여기며

"주님은 흥해야 하고 나는 망해도 됩니다."라는
세례요한의 심장을 소유하고
충성하는 모든 중직자가 되게 하옵소서.
아울러 빛과 소금교회의 성도들도 어디에 있든지
"내가 있으므로 그곳이 복을 받게 하소서"

자기 백성 중에서 일꾼을 들어 쓰시는 하나님 아버지,
이렇게 중직자 선출이라는 큰일에 사탄이 틈타지 못하게 하옵소서.
이 중직의 선출은 '하나님 나라의 부역자'로 자원하는 일입니다.
'주님께서 쓰시겠다'하여 '나를 주님의 거룩한 일에 드립니다.'
이런 각오로 중직자 대상에 오른 한 사람 한 사람의
과거의 부끄러움을 다 예수 그리스도의 피로 정결하게 하소서.

예전의 내가 아니라,
새로운 내가 되게 해 주시고
하나님의 선한 일꾼으로,
합력하여 선을 이루는 자들이 되도록 하소서.

나를 빛과 소금교회의 성도로 두신
예수님의 이름으로 기도드립니다.

2017년 11월 26일

너 뭐 할 거니? 너 뭐 했니?

이번에 교회의 일꾼으로 임직받은 자에게 하나님께서 묻습니다.
'그래, 이제 너 뭐 할 거니?' 이것에 대한 답은 내가 해야 합니다.
그냥 교회 오래 다녔다고 '권사 해라. 안수집사 해라' 하셨을까요?
그동안 잘했다고 '권사 해라. 안수집사 해라' 하셨을까요?
이제부터 잘하라고 '권사 해라. 안수집사 해라' 하셨을까요?
그렇다면 무엇을 잘해야 하고 어떻게 해야 할까요?

진즉에 교회의 일꾼으로 임직받은 자에게 하나님께서 묻습니다.
'그래, 너는 장로로 안수집사로 권사로 그동안 뭐 했니?'
이것에 대한 답은 내가 해야 할 것입니다.
진즉에 교회의 일꾼으로 임직받은 자에게 하나님께서 묻습니다.
'그래, 이번에 임직받은 일꾼들, 너처럼 그런 일꾼이라면 좋겠니?'
이것에 대한 답도 내가 해야 합니다.
진즉에 교회의 일꾼으로 임직받은 자에게 하나님께서 묻습니다.
'그래, 이번에 임직받은 일꾼들에게 나를 따라오라고 말할 수 있겠니?'
이것에 대한 답도 내 것입니다.

유야무야(有耶無耶)라는 말은
있는지, 없는지, 흐리멍덩한 상태를 말합니다.

수오지심(羞惡之心)은 의롭지 못함을 부끄러워하고
착하지 못함을 미워하는 마음입니다.

왜 나에게 [직분: 장로, 안수집사, 권사]라고 부를까요?
수오지심을 갖고, 유야무야한 그런 신자 되지 말라고
특별히 부르신 것입니다.

우리가 '~~ 답게' 살도록 직분을 주십니다.
그리스도인답게 살라고, 어디서나 예수 믿는 것을 숨기지 말고,
믿음을 드러내라고 그래서 '장로답게', '집사답게', '권사답게' 살라고
직분을 주십니다.
세상은 예수 믿기 어렵습니다. 어려운 줄 주님이 더 잘 아십니다.
그래서 그 어려운 세상에서 어렵게 살라고 직분을 주십니다.
'장로답게', '집사답게', '권사답게' 살라고.
그러면 '그것이 내 백성이, 하늘 백성이 살아가는 것'이라고 하십니다.
그에 대한 상급, 보상, 대가…. 그러한 것은 유치한 것입니다.
살아갈 때, 그렇게 살 때 상급, 보상, 대가 없어도
그분이 내 안에 살면 됩니다.

직분자, 이제부터 '너는 너 혼자 못산다.'라는 말입니다.
확실하게 '나 예수가 네 안에 집 짓고 산다.'라는 말입니다.
그분이 내 안에 살면서 날마다 선한 일에 나를 부르십니다.

이제 '너 뭐 했니?' 그 질문이 기다려지는
그런 일꾼 되시기를 바랍니다.

2018년 3월 11일

어떻게 기억될까요?

"내가 세상을 떠나면 사람들에게 어떻게 기억될까?"

무겁고 무서운 질문입니다.

지난주 토요일에 우리 교회 은퇴 장로이신 김문웅 장로님께서 소천하셨네요. 심근경색에 의한 지병이 있었는데 작년 말에 조금 위급하셨습니다. 올해 2월 1일 급격히 악화되어 가정에서 요양하다가 2월 23일 병원에 입원했고, 2월 28일까진 식사도 하고, 사람들도 알아보고 의사표시를 했는데 다음날 3월 1일에는 많은 고통과 의식불명으로 그리고 2일 금요일 10시 40분경에 소천 하셨습니다.

그분은 1999년부터 2011년까지 13년간 우리 교회의 시무장로님으로 섬기셨습니다. 사회적으로는 오랜 세월 공직 생활에서 은퇴하셨고요. 노회 활동도 열성을 다해서 회계, 부노회장을 지내셨습니다. 교회의 초창기에서부터 헌신적으로 봉사해 오셨습니다.

"그 장로님을 어떻게 기억하시나요?"

이 질문을 나 자신에게 던져봅니다. '우리 성도들… 내가 세상 떠나면 어떻게 기억할까?', '나는 어떤 사람으로 기억에 남고 싶은가?' 그것이 앞으로 제가 취해야 할 태도이겠지요. 우리 교회의 장로님이 소천하시면서 저에게 준 메시지입니다.

'너는 네가 맡은 성도들에게 어떻게 기억되기를 바라는가?', '너는 달려갈 길을 마치고 또 믿음을 지킨 것에 자신이 있는가?' 부끄러웠습니다. 냅다 부끄러웠습니다. 그런데 아직 기회가 있다고 믿어, 오늘만이라도 그 정신으로 살자 했습니다. 그렇게 날마다….

그보다도 더 분명하고 확실해야 하는 것은 우리 하나님께서 나를 어떻게 평가하실까가 더 큽니다. 김문웅 장로님은 늘 그러셨습니다. '나는 죽기까지는 충성 못할지라도 까무러치기까지는 한다.' 그분에게 적합한 말씀입니다. "나는 선한 싸움을 싸우고 나의 달려갈 길을 마치고 믿음을 지켰으니 이제 후로는 나를 위하여 의의 면류관이 예비되었으므로"(딤후 4:7) 이 말씀을 마지막 가시는 장로님에게 바쳤습니다. 선한 싸움 다 싸우고 달려갈 길 마치고 믿음을 지키신 분!

왜 그대들이 교회에서 특별하게 부름을 받은 줄 아십니까? 미안하지만 그대들은 이렇게라도 안 하면 하나님에게서 언젠가 멀어질 것 같아서. 아예 '너는 이제 내 손에서 벗어날 수 없어.'하고 발목에 쇠고랑을 채우는 것입니다. 목사가 가장 도망가기 십상인지라 꽉 매어놓는 것처럼 말입니다.

그래야 어쩔 수 없이 한번 더 교회 나오게 될 것입니다.
그래야 어쩔 수 없이 한번 더 기도하게 될 것입니다.

2019년 3월 17일

그만한 사람 드뭅니다

'나는 수요일에는 일(그날, 그날 일 나가는 것)을 나가지 않습니다.'
'왜냐하면 셀예배에 가야 하기 때문입니다.'
'나는 목요일에는 일을 나가지 않습니다.'
'왜냐하면 전도팀이 전도를 나가기 때문입니다.'
'그것은 내가 하나님께 약속했기 때문입니다.'

그것은 하나님에게 내가 약속했기 때문입니다.
그리고 그분은 수요일 오전에 셀예배를, 목요일 오후에
전도팀과 같이 전도를 나갑니다.
그래서 우리 교회 셀 공동체와 전도팀이 튼튼합니다.
처지와 형편은 절대 녹록지 않습니다.
그럼에도 본인이 신앙과 관련한 자신의 결의대로 행동합니다.

남편이 생닭을 좋아한다고
꼭 먼 데 가서 생닭을 사서 잡아 와 요리합니다.
이유는 남편이 좋아하니까 그렇게 한다고 합니다.
어떤 것들은 시어머니가 좋아하시니까 한다고 합니다.
여타의 약속을 하면 정말로 힘들고, 어려운 데도 어기는 법이 없습니다.
그분은 중국이 고향인 한국인입니다.

그 셀의 리더는 그분 한 분이 얼마나 힘이 되는지 모른다고 합니다.
전도팀에서도 하나님이 우리 교회에 보내 주신
'전도팀 천사'라고 합니다.
목회자인 제가 볼 때 그분은 '참 신앙인'입니다.
말씀대로 살고자 부단히 노력하지 않습니다.
그냥 말씀으로 삽니다.
하나도 힘들지 않은 것처럼 마땅히 당연히 삽니다.
그의 삶을 존경합니다.

하나님께 서원한 것은 해롭더라도 지키라는 말씀이
거기에 딱 있습니다

"하나님을 업신여기는 자를 경멸하고 주님을 두려워하는 사람을
 존경하는 사람입니다 맹세한 것은 해가 되더라도 깨뜨리지 않고
 지키는 사람입니다" (시 15:4)

교회 내에는 제가 존경하는 분이 참 많습니다.
입에 바른말이 아니라~
진심으로 삶 자체는 이미 목회자인 저보다 훨씬 훌륭하신 분들입니다.
그분들에게 요령, 가식, 위선은 적어도 제게는 보이지 않습니다.
그리스도인으로서의 삶….
그래서 저는 부끄럽고 그래서 저는 더 죄송해 집니다.
그런 분들 덕분에 행복하고, 뿌듯하고,
그런 분들 때문에 욕심 없어짐도 한몫합니다.

2019년 7월 7일

우리 교회 맞죠?

덥죠? 많이 더우시죠?
그래도 올해에 6월까진 괜찮았네요.
이제 본격적인 여름이 되려나 봅니다.
이런 날 교회의 봉사자들은 더욱 힘들 거예요.
특히 주차를 안내하시는 분들. 어휴, 생각만 해도 덥습니다.

주방에서 식사를 준비하시는 분들,
점심에 배식하고 설거지를 하시는 분들,
에어컨이 다 작동해도 워낙 더운 탓과 더운물과 더운 음식에…
한겨울에도 땀으로 목욕하는 봉사자들이 많은데
폭염의 7, 8월은 어떨까요?

그런데 그렇게 온몸으로 수고하는 이들로 인해
서로서로 "우리 교회"가 됩니다.
처음 "이 교회, 이 교회" 하시다가,
어느 사이 "내 교회"가 되고 "우리 교회"가 됩니다.
물론 우리 집 흉보듯 우리 교회 흉봅니다.
불평도 하고, 불만도 부지기수입니다.

그러나 그 모든 것의 시작은 그렇게 말합니다.
"우리 교회는 이것이…" 하면서 이런저런 볼멘소리가 나옵니다.
그렇습니다. 우리 교회를 사랑하시는 것이지요.
"이 교회는…" 하면서 먼 산 보듯 하시지 않습니다.
우리 교회를 사랑해서 말하는
각종 불만과 불평과, 볼멘소리를 수용하고 설득해야겠지요.
가만 보면 이 일도 서로서로 해 주십니다. 감사이고 감사입니다.
그럼에도 한쪽에 고통과 어려움, 불편을 해소하지 못해 드려
죄송합니다.

교회가 그렇습니다.
보통 주일에 집중된 사역입니다.
주일 지나면 순간 머릿속에서 사라져 버려요.
그래 작은 책임 가진 자들도 순간 피하면 되고
나만 안 불편하면 넘어가 버려요.
그리고 어느 하나 돈으로만 해결할 수 없습니다.
조금의 불편을 감수하는 것도 좋고 해결하는 방안을 이야기해 주세요.

교회의 어떤 일이든
믿음으로 행하는 일이고
사랑으로 행하는 수고입니다.
우리는 그렇게 사랑의 빚을 지고
믿음의 열매를 누리며 "우리 교회"가 됩니다.

2021년 11월 28일

우리 교회의 큰일 – 커넥션

많은 교회가 있습니다. 교회는 각각 다르지만 본질은 같습니다.
교회는 예수를 그리스도로 고백하여 믿는 모든 자의 모임이지요.
교회는 건물이라기보다 그 생명공동체가 모이는 곳입니다.
의와 거룩함으로 살아가는 생명공동체인 하나님의 자녀들을
교회라고 합니다.
그들은 예수의 가르침인 사랑을 삶으로 살며
예수를 전하는 것입니다.
행복하게 즐겁게 신앙하는 것이지요.
이런 사역의 선봉에 서서 성도들을 이끌어가는 자들을
목회자라고 합니다.
재미있고 당당한 목회를 하는 것이지요.

우리 교회가 그 목회자들을 일 년에 한 번 섬기는 일을 합니다.
우리 교회의 사역을 나눠드리고, 다음 해의 사역을 나누고,
각각의 교회사역을 나누고, 보다 나은 교회로 전진하는 일이지요.
좋은 것의 공유이자 지원까지입니다.
이는 건강한 교회, 행복한 성도, 즐거운 목회를 위한 일입니다.

지난 2013년 10월 17일(목) 오후부터 23일(수) 저녁까지
6박 7일간 미국 로스앤젤레스의 코너스톤교회(이종용 목사님)의
초청을 받아 커넥션(Connection)에 참석했습니다.
왕복 항공료는 물론 7일간의 일급호텔 숙소에 묵어가며

건강한 코너스톤 교회의 정신을 보고 듣고 엄청난 힘을 얻습니다.
교회 이전의 와해로 인한 극심한 슬럼프에 빠져있던
제가 깨어나게 됩니다.
앞으로 어떤 교회로 가야 할 것인지를 보고 왔습니다.
그리고 오늘의 우리 교회가 있습니다.

그리고 나중의 우리 교회 또한 그렇게 커넥션을 통해
동역하는 목회자들과 건강한 교회를 나누고 싶었습니다.
그래서 몇 년 전부터 진행했는데, 작년엔 코로나로 인해 못했습니다.
이번엔 코로나이지만 미니커넥션으로 한나절을 하고
요청이 있으면 2차를 예정합니다.
보여드려야 할 것들, 들려주어야 할 것들을 모두 드리고 싶습니다.
우린 우리의 것을 모두 나눠드리면서 우리의 부족함을 채울 것입니다.

우리 교회가 할 일 중의 하나는 다른 교회를 섬기는 일입니다.
한 해만 하는 일이 아니라
빛과 소금교회가 매년 하는 '섬김 사역'입니다.
건강한 교회를 지향하는 교회를 섬기는 일
앞으로 커넥션(3일)과 관계 이후 1년을 섬기고자 합니다.
좋은 것을 공유하고 손 내밀어 지원하는 것들을….

참여하는 교회가 건강하고, 즐겁고, 행복한 성도들과
목회자가 될 수 있도록
이 귀한 일에 통 큰 손 내밀어 함께 해 주십시오.
교회예산과는 별도로 은혜의 강물을 흘려보내고자 합니다.

교회의 어느 일이든 믿음으로 행하는 일이고
사랑으로 행하는 수고입니다.

Part 8
Step Up

2002년 11월 24일

정말 죄송합니다

사랑하는 부모 된 여러분!
저는 우리 교회의 다음 세대인
청년 대학부와 중·고등부 어린이 부서의 목회에 실패했습니다.
여러분의 소중하고 귀중한 아이들인데
그 자녀들을 하나님의 자녀로 길러내는 데 실패했습니다.

여러분이 저에게 맡겨주신 자녀들은 지금 이렇습니다.
예배를 드리면서 찬송하지 않습니다.
예배를 드리면서 기도는 커녕 기도 시간에 눈 빤히 뜨고 딴짓합니다.
설교 시간에는 모두 고개를 숙이고 있거나 귀를 기울이지를 않습니다.
예배 시간에 절반의 자녀들은 늦게 옵니다
어떤 자녀는 끝날 때쯤에 옵니다만 전혀 미안한 기색이 없습니다.
어떤 자녀들은 공부를 핑계로 아예 교회에 오지도 않습니다.
성경책을 가지고 오는 아이들은 몇 명 되지 않았습니다.
그런데 그들에게 한 가지 희망은 있는 것 같습니다.
그들의 유일한 희망은 예배가 빨리 끝나는 것입니다.
이런 모습을 보여드려 죄송합니다.
학교 같았으면 진즉 다른 학교로 보냈겠지요.

우리들의 다음 세대인 자녀들을
하나님의 자녀로, 예배자로 길러내는 데 역부족이었습니다.
이것이 최선을 다한 역부족이라면 변명이라도 할 텐데 말입니다.
이 실패를 내년에 또 반복할까 두렵습니다.
소중한 영혼의 자녀들을 영적 자녀로 길러내는데
교회가 쏟아부은 열정이 부족했습니다.

이제 어떻게 할까요?
우리의 자녀들을 어떻게 하면 좋을까요?
실패한 저로서는 다시금 도전하겠습니다만 가르쳐 주십시오
어떻게 하면 실패하지 않고
소중한 자녀를 소중한 하나님의 자녀로 길러낼 수 있을까요?

2007년 5월 13일

Church School

교회에는 어린이를 중심으로 주일학교가 있습니다. 주일날 열린다고 해서 주일학교입니다. 학교입니다. 어린이와 청소년들에게 기독교 교육을 하는 학교입니다.

영국의 산업 혁명기 때 부모도 자녀들도 매일 산업현장으로 나갔습니다. 그래서 이들에게 기본적 교육과 종교교육을 통해 사회 문제를 방지하자며 주일학교를 엽니다. 1780년입니다. 어린이 교회학교가 처음으로 작은 교회에서 문을 열었고 수업료를 냈습니다. 강의는 주로 교사의 집에서 이루어졌습니다. 이것을 처음 창시한 '레이크스(신문발행인)'가 신문에 소개함으로 전 영국에 퍼졌습니다. 나중에는 학교가 만들어져 종교교육이 정규학교에서 이루어졌습니다. 미국으로 건너가서도 일반적 기본교육은 학교로, 기독교 교육은 교회로 이어져 지금까지 명맥을 이어갑니다.

엄밀히 말하면 예배는 같이 드리고 자녀들에게 교육의 기능을 감당하는 기구였던 것입니다. 우리나라에 들어올 때도 동일하게 들어왔습니다. 그러나 애당초 신앙을 가족 단위로 하지 않는 우리로서는 예배의 형태를 주일학교가 가져가서 그 안에서 교육과 예배의 기능이 이루어졌습니다. 그것이 밑거름되어 우리나라의 기독교 인구는 오늘날 전인구의 20%가 되었습니다.

그런데 지금 우리나라 기독교인이 증가하지 않는 이유 중 가장 큰 것은 주일 학생의 급감이기도 하지요. 이 주일 학생이 유치부, 유년부, 초등부를 거쳐 중등부, 고등부, 대학부로 올라갈수록 숫자는 줄어들어 유치부에 10명이었다면, 대학부까지는 1명이나 2명이 남습니다. 많이 남으면 3명 정도 계속 신앙을 하고, 나머지는 중도에 그치는 형편입니다. 여러 가지 이유가 있겠지만 교회가 분발하겠습니다. 가정과 같이 신앙의 유전을 위하여 충실한 노력을 해야 하겠습니다.

그럼에도 고군분투하며 이 아이들과 열심히 씨름하는 교회학교 교사들이 있습니다. 누가 알아주지 않아도, 말 그대로 이름 없이, 빛도 없이, 어린 영혼들을 위하여 수고하는 분들입니다.

오직 공부 잘하는 것과 출세하는 것만을 목표로 하는 세상과 오직 하나님을 잘 섬기고 부모님을 잘 섬기는 세상을 만들려 하는 교회는 평행선을 긋는 것처럼 보이지만 '신앙이 좋으면 공부도 잘한다. 그리고 가슴 따뜻한 사람이 된다.'는 일들을 진행하고자 합니다. 우리들의 자녀들을 '방과 후 오후 학교'에 교회로 보내주십시오

놀고, 먹고, 공부하고. 자율성 있는 자녀로 같이 만들어 갑시다.
이것도 하나님이 우리에게 주신 명제입니다.

2009년 3월 15일

중요한 3~4월

생명들이 힘을 다해 세상을 향해 나옵니다.
우리 자녀들도 3월이면 각각 학교에 갑니다.
대학 신입생은 입학식을 마치고 자유의 대학 생활이 진행됩니다.
그런데 이 자유가 너무 자유로워지면 탈이 납니다.
탈 난지 모르게 점점, 점점 망가져 갑니다.
그저 즐기고 놀고 줏대 없는 자녀일수록 흐트러져 갑니다.

고등학교 신입생은 이제 죽을(?) 맛의 학교생활로 들어갑니다.
대학입시라는 과제를 안고 줄기차게 새벽부터 밤늦게까지
경주 체제로 갑니다.
정말 눈 부라리고 하지 않으면 공부하나마나의 시간으로
3년을 보내게 됩니다.
공부는 하는데, 공부가 안되는 세월 보내기가 연속이지요.

중학생 입학생들이야말로 더더욱 중요합니다.
담임 체제의 수업에서 이제 과목 체제의 공부로 전환이 되고,
영어와 수학 등 과목별로 확실하게 차별이 되는 학기입니다.
부모의 손길이 세심하게 필요하고

이때부터 같이 하여 기초를 든든하게 해 가야 합니다.
이왕에 재학생들도 혼자가 아닌 도움을 입어야 제대로 갑니다.

초등학생은 그야말로 엄마의 손실이 그 자녀의 미래를 결정하게 하는
자세와 태도를 만들어 가는 시기입니다.
자세를 만들고 태도를 만드는데 양보한다면 이미 어려워집니다.

자녀들의 학년이 하나씩 진급을 했습니다.
자녀들 스스로 새로운 각오를 세우고 결심하고 하는데
혼자서는 안 됩니다.
반드시 부모의 손길이 구체적으로 필요합니다.
간섭과 지시와 하달이 아니라 협조와 협력과 조언과 칭찬으로
그들의 결심을 도와주고 이루어 가도록 코칭해야 합니다.

3월, 4월 한두 달이 금방 지나갑니다.
내 자녀에게 아주 중요한 한 달에
부모님들 바짝 긴장하셔서 같이 합시다.
방해되는 것이 있다면
과감하게 부모부터 버리시고 치우시고 정리합시다.
내 자녀를 위해 내가 먼저 해야 할 일을 찾읍시다.
그리고 같이 합시다.

2012년 5월 6일

어린이가 되고 어버이가 되고

어린이는 4, 5세부터 초등학생 정도를 지칭하는 말입니다.
어린이날이란 초등학생 이하의 아이들이라고 할 수 있는데,
사실상 90세 넘은 어머니에게 70세의 노년도 어린이입니다.
예를 들면 지금 가장 유력한 대선후보인 모 교수에게
그분의 아버지는 '그 아이'라고 지칭합니다.
그런 면에서 보면 부모님이 살아 계신 분들은 모두가 어린이입니다.

어린이를 바라보는 부모의 마음은
'항상 잘되고 건강하기를 바라는' 마음입니다.
연세 드신 부모를 모시는 어린이들(어른)은
어르신을 향한 한결같은 바람이 있습니다.
'사시는 날까지 건강하게 사시는 것'입니다.

말의 뉘앙스가 있습니다만,
주님의 부르심을 순전하게 받고 행복하게 떠나시는 것이죠.
흔히 말하는 '고종명'(考終命)입니다.
이 간절한 부모의 바람과 자녀의 바람은 누구나 같습니다.
그렇다면 그 바람을 이루기 위해서 해야 할 우리들의 일이 있습니다.

그렇게 되도록 무엇인가를 해 주고 해 드려야 합니다.
하나님 말씀에는 이렇게 되어 있습니다.

"마땅히 행할 길을 아이에게 가르치라
 늙어도 그것이 떠나지 아니하리라" (잠 22:6)

"노년이 되어도 내가 품을 것이요 안을 것이요
 백발이 되어도 너를 버리지 않으리라" (사 46:4)

'모두 네 알아서 하겠지'가 아니라 '알아서 하도록'
이모저모로 지혜롭게 일러주는 일이 필요합니다.
그 지혜를 주시는 분은 하나님이십니다.
지혜가 부족하거든 구하라고 하십니다.

해마다 어린이날, 어버이날이 되면 어린이가 되고,
어버이가 되는 어른들은 부모에게 착한 어린이인가와
어린이에게 좋은 어버이인가를 물어야겠습니다.

나는 착한 어린이인가? 나는 좋은 부모(어버이)인가?
서로가 자랑할 수 있는 어린이, 어버이가 되기를 위해
서로 삼가야 하지 않을까요?

2018년 5월 6일

어린이 축제 "우리들은 자란다"에 부쳐

교회가 지역사회에 끼칠 수 있는 것은 무엇일까요?
초기 한국 사회가 어두울 때의 교회는 분명 선진이었습니다

미국을 비롯한 초기 한국 선교사들은 한국 사회의 미개함을 보았고 경제적 사회적 문화적 우위에 있던 서양의 많은 문물을 경험한 선교사들은 교회의 모든 사역이 곧 사회 사역이 될 수 있었습니다. 학교를 짓고, 병원을 세우고, 여성운동을 선도하고, 빈민 퇴치, 문맹 타파 등 그야말로 정부가 손쓰지 못한 부분을 이끌어갔지요.

그러나 이제는 우리나라가 잘사는 나라, 경제사회문화의 선도국이 되었습니다. 그동안 교회도 급성장했고요. 그러나 사회의 성장은 더 이상 교회의 성장이 되지를 못합니다.

교회는 그야말로 가장 기본적인 본질로 돌아갑니다. 복음 전파입니다. 예전처럼 어떤 매개체가 아니라 순수복음이 되어야 했고, 기독교인들의 삶이 사회에 투영되는 것이어야 했습니다. 본시 교회 집단은 거룩한 집단이 아니라 거룩해지는 집단이라 쉽지 않습니다. 서로의 시각에 괴리감은 커졌고 자본주의의 총아만이 우대받는 세상이 된 것입니다.

오는 5월 12일 토요일에 어린이 축제 "우리들은 자란다"를 개최합니다. 지역 아이들에게 '자유로운 날'을 제공하고자 하는 것입니다. 놀거리, 즐길 거리, 먹거리, 볼거리 등이 어디 간들 없겠습니까만 부모가 준비해 주지 않아도, 멀리 차 타고 가지 않아도 친구들과 와서 마음껏 놀고 가는 한나절을 제공하는 것입니다.

전도하려고 한다는 말도 극구 부인할 수는 없습니다만 이 일로 전도하려는 저의는 없습니다. 구태여 한 가지 이유를 들라치면 '교회가 지역사회에 무엇인가 하나쯤 유익게 함'입니다. 다른 여타가 없었나 합니다만 국가 경제가 선진국에 이르고 사회적 성숙도가 높아진 마당에 사실상 교회가 지역사회에 유익을 줄 만한 가시적인 것은 별로 없습니다. 오히려 교회가 하는 일에 많은 사람이 '색안경'을 쓰고 보는 처지가 되었기 때문이기도 합니다. 지금은 국가와 지자체, 학교 등이 훨씬 더 강력하게 구체적으로 잘합니다.

교회인 우리의 역할은 사실상 기도하는 일입니다. 나라, 민족, 사회 등 진행되는 모든 것이 하나님의 뜻 가운데 이루어지도록…. 이 역할로 남북이 열리고, 이 역할로 사회는 존재할 것입니다. 그러나 어디까지나 영적인 일이기에 영적인 것을 무시하는 세상에 주목받지 못하는 일입니다. 그래서 아무런 이유 없이 그냥 동네 아이들에게 멀리 가지 않고 와서 그냥 재미있게 놀다 가고, 먹고 가고, 즐기고 가라고 잔치합니다.

2021년 2월 21일

스텝 업(Step Up) - 정돈(整頓)

스텝 업은 우리 자녀들의 신앙을 전인적으로
한 단계씩 성장시킨다는 의도로 만들어졌습니다.
초등학교 1학년에서 고등학교 3학년까지가 주요 대상이지요.
2021년도 주제는 "정돈"입니다.
코로나 시대에 조금 부응하는 뜻에서 정했습니다.
자녀들이 한 달 동안 가정에서, 학교에서, 일상에서 진행합니다.
금번 정돈, 스텝 업은 부모가 옆에서 격려하면 더 좋습니다.
차라리 부모 된 분들은 같이 하시면 어떨까요?

자녀가 떠난 가정(부부만 있거나 싱글 신앙인)도
같이 동참을 권합니다.
정돈해야 할 세 방면이 있습니다.
사람 정돈, 시간 정돈, 공간 정돈이 그것입니다.

사람 정돈
인생의 긴 여정에 있어 꼭 필요하고 같이 있는 사람에게 집중하며 모든 사람에게 열린 마음, 부드러운 마음을 갖는 것을 기본으로 합니다. 편견도, 선입관도, 누군가의 뒷담화에 영향을 받지 않고 사람을 대합니다.

시간 정돈

'그날에 일은 그날에 하자.'입니다. 자기 시간을 가지런하게 정리합니다. 허탄한 시간, 낭비로만 흘러가는 시간을 정리하고 의미 있는 시간으로 바꾸는 것입니다.

공간 정돈

적어도 내 영역인 곳곳을 질서 있게 품위 있게 정돈합니다. 자동차 안, 냉장고, 옷장, 신발장, 책상 주변, 주방, 나만의 영역이라도 모든 물건은 내 정돈을 기다립니다. 공간 정돈의 기본은 버리기에서 시작합니다.

정돈의 이유는 효율적인 깨끗한 삶을 가져다 주기 때문입니다.
자동차는 누가 같이 타도 좋을 정도,
집에는 누가 방문해도 언제든지 좋을 정도,
어떤 사람도 허심탄회하게 대할 수 있는.
시간이 없는 게 아니라 시간이 남아 여유를 누리고
시간이 탄탄해도 평안한.

우린 하나님의 사람입니다.
모든 기준은 '내가 보기에'가 아니라 '하나님이 보시기에 좋다.'입니다.
이 자부심은 우리를 보다 건강한 그리스도인으로 스텝 업 할 것입니다.

교회인 우리의 역할은 사실상 기도하는 일입니다.
나라, 민족, 사회 등 진행되는 모든 것이
하나님의 뜻 가운데 이루어지도록….

Part 9
거룩한 일꾼들

1999년 2월 21일

낚시 좋아하는 사람은 낚시가 피곤치 않다

제가 아는 분은 월요일 새벽부터 토요일 밤늦게까지
오직 회사 일에 열중입니다.
그리고 토요일 밤이면 다시 짐을 싸고
월요일보다 더 빠르게 주일 아침에 출발합니다.
그리고 주일 밤늦게 돌아옵니다.
오직 낚시 하나만을 하고 돌아옵니다.

때에 따라서는 고기 바구니가 가득하고
어느 때는 어른 팔만한 잉어가
때로는 빈 바구니로 올 때도 있습니다.
그런데 한번도 그분의 아내는 '나 피곤해.'라는 말을
들어본 적이 없답니다.
피곤하다면 말없이 주일 하루 한 날은 잠만 잡니다.
물론 이분은 신앙을 하시는 분은 아닙니다.
물어봅니다. "피곤하시지 않으세요?" 답은 간단합니다.
"아니 내가 좋아하는 것을 하는데, 그것이 내 취미인데,
누가 취미를 피곤하다 합니까?"
그렇습니다. 나도 책 읽는 것이 취미인 모양입니다.

아직까지 책을 보면서 피곤하다고 해 본 적이 없습니다.
"일주일 내내 피곤하지 않으세요?" 그분에게 물었습니다.
역시 답은 간단합니다.
"왜 피곤하지 않겠어요. 그러나 피곤한 줄을 몰라요.
일이 재미있으니까요."
그렇습니다. 돈을 버는 사람은 돈 버는 재미에 피곤을 모릅니다.

그렇게 교회 일도 그렇습니다. 예배도 그렇습니다.
그것을 봉사라 생각하시면 금방 피곤해 집니다.
일을 즐기시면 됩니다. 교회의 봉사도 즐기십시오.
재미있게 하십시오.
짜장면을 배달해도 억지로 입술 내밀며 하는 사람과
'랄라라~' 하는 사람과는 다르고 맛도 다릅니다.

우리는 예배가 우리의 일상 취미인 양 즐기시고 재미있어야 합니다.
사람은 마음먹기에 따라 인생이 달라집니다.
예배, 봉사, 교회 일, 직업 즐기십시오.

1999년 6월 20일

사람이 가는 바른길

김대중 씨가 대통령이 되면 뭔가 정치의 흐름도 바뀔 줄 알았습니다.
그런데 지난 1년 반 정도의 모습은 '그놈이 그놈이다.'라는
상스러운 소리가 보통 사람들의 소리입니다.
수천만 원의 옷 사건이며, 고관집 도둑 사건이며, 단독국조권이며,
조폐창의 파업 유도 등.
시원스러운 정치, 투명한 정치,
예측이 가능한 정치를 내다볼 수 없습니다.
다행히 IMF 난국을 벗어난 것처럼 경제적 위기는 벗어났을지언정
나라 전체적으로 국민의 비난 여론이 드셉니다.

왜 교회 주보에 이런 글을 쓰냐고요?
우린 너무도 교회만 생각하고 삽니다.
이 땅은, 이 나라는 모두 하나님이 주신 우리들의 나라입니다.
이 나라에 공의를 편안히 할 수 있는 일은
교회가 안 하고는 그 누구도 못 합니다.
그러니 우리와 교회가 할 수 있는 일은 이 나라가 바르게 가지 않으면
자기 목소리를 사회로 향해 내야 합니다.
이 땅의 불의와 타락이

정당화된다면 이것은 이를 갈고 막아야 할 것이 교회입니다.

우리는 현재의 우리 제도에서
우리를 대변하는 자들을 심판하는 유일한 길이 있을 뿐입니다.
투표를 통하여 준엄하게 나라의 실정을 심판해야 하고
각종 시민단체와 기독교 단체가 말하는
사회, 경제, 문화의 올바른 방향을 지지해야 하고
우리 의사를 표시할 방법들을 사용해야 합니다.
천만 기존 독자들은 정치를 하지 않습니다.

그러나 잘못된 정치와 사회와 문화에는
"사람이 가는 바른길"을 힘주어 말해야 합니다.
눈 뜨고 세상을 보고 빛으로 살아야 합니다.

2001년 4월 9일

하나님과 속의 말을 주고받습니까?

사람 중에 20%는 자신의 실력으로 성공한 자이지만
80%는 사람 관계에서 성공한 것이라고 말합니다.
그만큼 사람 관계가 중요하다는 말입니다.

그리하듯 우리 그리스도 공동체는 더 중요한 관계가 있습니다.
그 관계가 바로 하나님과의 관계입니다.
이 관계의 성공은 모든 것의 성공이고
이 관계의 실패는 모든 것의 실패입니다.

하나님과 사이가 얼마나 좋으십니까?
하나님과 얼마나 친하십니까?
하나님과 속의 말을 주고받고 하십니까?
하나님과 같이 삽니까? 아니면 어쩌다 한번씩 방문하십니까?

하나님과의 관계를 가장 잘 나타내는 것이 예배입니다.
예배의 성공 여부는 곧 하나님과의 관계 여부입니다.
예배의 축복은 너무도 놀라운 것입니다.

"이 백성은 내가 나를 위하여 지었나니
  나의 찬송을 부르게 하려 함이니라"(사 43:21)

우리들이 누군가를 알 수 있습니다.
거기에 기쁨이 있습니다.
세상이 주지 못하는 넘치는 열정이 옵니다.

하나님에게서만 오는 이 열정은 세상의 모든 것의 원동력이 됩니다.
기쁨을 얻기 위해서 예배하는 것이 아닙니다.
단지 내가 그분 안에 있는 것이 예배입니다.
그분과 같이 있으면 매사가 다 즐겁고 매사에 다 힘이 생깁니다.

우리 하나님은 이 땅에 사는 많은 사람 중에
진정으로 자기를 향하여 예배하는 자를 찾습니다.
우리 서로에게 권면합시다.
하나님과 정말 친해지십시오.

2004년 11월 7일

거룩한 일꾼들

1. 집사의 명칭
옛날부터 주인의 옆에 그 집의 일을 맡아보는 사람을 집사라 했다.
헬라어로는 디아코노스(Deakonos)로 종, 시중드는 자,
수종자의 뜻이다.

2. 집사직의 유래(행 6:1-6)
교인 증가에 따른 사도들의 사역 증가로
사도를 도울 일꾼의 선택이었다.

3. 집사의 자격(행 6:3)
성령이 충만해야 한다. (출애굽기=재덕 경전, 하나님 경외, 진실무망)
지혜가 충만한 사람이다.
학식 아닌 사역을 감당할 수 있는 식견이다.
정직하고 좋은 사람, 현명하고 사려 깊은 사람,
일을 순서 있게 처리하는 사람이다.
칭찬 듣는 사람이어야 한다.
(교회 안에서나 교회 밖에서나 신용 있는 사람)

4. 집사의 자세(요 1:27, 민 12:7, 요 13:4, 골 1:7)

"그의 신들메 풀기도 감당치 못하겠노라"
"그는 나의 온 집에 충성됨이라"
"너희도 서로 남의 발을 씻겨야 한다"
"그리스도의 신실한 일꾼"

5. 집사 선택의 결과

하나님의 말씀이 점점 왕성하고
예루살렘에는 제자의 수가 더 심히 많아졌다.

6. 집사의 상급(딤전 3:13)

"집사의 직무를 잘 행한 사람은 아름다운 지위를 얻고
그리스도 예수를 믿는 믿음 안에서 큰 담력을 얻는다"

또한 집사들은 장로의 직분을 사모해야 한다.
이것은 감투이기 때문이 아니라 영광스러운 십자가이기에.
이미 야곱이 쟁취한 장자의 직분과 같이
하늘의 축복이 따르는 봉사직이기 때문이다.

"미쁘다 이 말이여 사람이 감독의 직분을 얻으려 하면
선한 일을 사모한다 함이로다" (딤전 3:1)

2007년 1월 14일

사람을 뽑습니다

사람을 뽑습니다.
자격요건은 이렇습니다.

　학력 제한 없음
　출신 지역 제한 없음
　재산 유무 상관없음
　나이 상관없음
　성격 상관없음
　집안 상관없음
　단 하나의 조건: 주저하지 않고 순종하는 사람

이상 어떤 분이 자기 사람을 선발하는 기준이었습니다.
사람들은 그 사람을 정신이 나갔다고 했습니다.
심지어 가족들도 그렇게 말했습니다.

그분은 자기가 원하는 사람 열둘을 뽑아 제자로 삼았습니다.
그분은 그들에게 집중하셨습니다.
그래서 자신이 가진 전부를 주고자 했습니다.

그래서 같이 자고, 같이 먹고, 같이 일했습니다.
그들은 자기네끼리 다툼도 하고, 시기도 했습니다.
좌충우돌하고, 실수도 했지만, 끝까지 사랑했습니다.
그들은 보잘것없고, 잘난 것 없고, 가진 것 없었지만 큰일을 했습니다

그분은 예수님이고, 그들은 제자들이었습니다.
예수님을 따르는 무리는 수없이 많았지만,
예수님이 뽑은 사람은 자기가 원하는 사람,
순종하는 사람을 뽑았습니다.

예수님이 오늘날 제자를 뽑는다면 '저요, 저요' 하며 나서기보다는
'제자 되기 싫습니다. 진심으로, 진심으로 제자 되기 싫습니다.'
이렇게 노래하는 자가 바로 나 아닌지 모릅니다.
하나님에 대하여, 신앙에 대하여 손들고 앞장서는
내가 되면 좋겠습니다.

우스운 생각입니다만
교회에서 제일 고마운 분은 누구인가 하면
광고(교회 소식)를 듣고 그대로 순종하는 분들입니다.
그분들이 가장 신앙 좋은 사람입니다.

2008년 6월 29일

골든벨을 하는 이슈

우린 「매일 성경」을 교과서처럼 사용합니다.
어린아이에서 어른에 이르기까지
개인 신앙의 성숙에 「매일 성경」은 아주 좋은 것입니다.
우린 아침마다 "365 말씀"을 읽고, 기도하고, 식사합니다.
아침마다 온 가족이 손을 잡고 감사의 기도로 하루를 시작하는 일은
행복 울타리입니다.

우린 "가족교회"를 매 주일 저녁 식사 전에 합니다.
온 가족이 하나님을 중심으로 하나 됨은
가정에 복 주시는 하나님의 방편입니다.
성경 안에서 뽑아놓은 율법은 그야말로 이스라엘 백성이
온 세계에 우뚝 서게 된 "쉐마"입니다.

그런 것들의 기본이 되는 것들이 "매일 성경, 365 말씀, 쉐마"입니다.
그리하는 이유는 실력 있고 생활 속에서
당당한 그리스도인이 되기 위해서입니다.
이런 작금의 작은 행사들이
각 가정이나 개인에게서 이루어지는 것입니다.

이왕에 하면서 더 깊숙이 하자는 데 있습니다.
가정은 성경을 근거로 더 성숙한 가족교회를 이루고자 합니다.
개인은 신앙의 내공을 더욱 튼튼히 하고자 하고요.
이것으로 성도들을 옭아매거나, 귀찮게 할 염사는 없습니다.
어찌하든 우리들의 신앙은
우리 하나님의 성품에 참여할 자로 자라나는 것입니다.

교회는 어떻게 하든지 하나님 중심으로 살고,
하나님의 은혜를 누리며 살고,
하나님의 명령을 실천하며 살아야 합니다.
이것을 위해 교회는 존재하기도 합니다.
이것을 행하지 않으면 교회는 직무를 유기하는 것이 됩니다.
교회만 왔다 갔다 하는 것으로 둔다면
나중에 하나님께서 나무라실 것입니다.
교회는 예수그리스도의 남은 사역을 감당하는 곳입니다.

골든벨은 이런 의도에서 제작된 것이고, 일 년에 두 차례 예정입니다.
결코 지적인 무엇을 강조하고자 함만은 아닙니다.
지적습득을 통하는 동안 실천이 될 것이고,
우리들의 감정에 따뜻함과 하나님을 절대 신뢰하는 안정감이
가득 차게 될 것입니다.
부족하지만 참가해서 성도 간의 교제를 넓히는 것도 중요하고,
가족끼리 단합하여 하나님 말씀을 중심으로 서로 사랑함도 중요합니다.
자기 신앙을 더욱 튼튼하게 하는 좋은 방편이 바랍니다.

2008년 8월 24일

부모님 말씀

많은 사람이 '내가 우리 부모님 말씀을 조금만 잘 들었더라면
오늘의 나보다는 더 나았을 것'이라고 합니다.
돌이켜 생각해 보면 구구절절이 옳은 말입니다.
그런데 가만히 보면 오늘날 우리 아이들이 부모의 말을 잘 듣나요?
거짓말을 좀 더 한다 치면 옛날 동화 속에 나오는 청개구리 같습니다.

뭣이든지 부모가 하는 말에는 '싫어', '안 해' 부정이 먼저입니다.
왜 그럴까요? 나도 아이 시절에 그랬는데, 내 아이도 그럴까요?
내가 내 아이에게 들려주거나 권면하는 것은 틀림없이 좋은 것인데.

우리 자녀들이 좋은 길이든, 나쁜 길이든
그 길을 가는 것은 스스로입니다.
부모는 더욱 나은 것과 더욱 나은 길을 주고자 하고,
아이들은 더욱 좋은 것과 보다 마음에 드는 것을 찾아갑니다.

그런데 요새 아이들은 부모의 말을 안 듣습니다. 왜 그럴까요?
여러 가지 이유가 있지만 아주 어린 유아기 때부터 놓아먹인 탓이고
일찍부터 제 맘대로의 세상을 획득해서입니다.

분명한 부모의 절대적 의지가 없고
부모 또한 절대적 기준을 살지 못한 탓도 있습니다.

교회에서도 그렇습니다.
목회자가 성도에게 좋은 것을 주려고 합니다.
그런데 안 가지려 하고 안 하려 합니다.
그저 자기 좋은 것과 자기 맘에 드는 것만 합니다.
이 또한 담임목사인 나에게 절대적 의지가 없고
절대적 기준이 없는 것 같아 씁쓸합니다.

갈수록 가정에서 자녀가 되어 주고,
부모가 되어 주는 정도에 그치는 양
교회를 다녀 주는 성도가 많아지는 것 같아 슬퍼집니다.

사랑하는 여러분은 교회를 다니는 성도이지요?

2008년 10월 26일

개근상을 받읍시다

학창 시절에 우등상을 받으면 아주 기분이 좋았습니다.
1년 개근상, 초등 6년 개근상, 3년 개근상이 또한 좋았습니다.
그런데 누구나 개근상을 다 받을 때는
별로 귀하게 여겨지지 않았습니다.
하지만 그 기간 아프지 않고
아무 탈 없이 학교에 충실한 것은 대단합니다.
그때 지각이나 조퇴를 세 번 하면 한 번 결석이었나 싶기도 했습니다.
지각하면 으레 교문에서 벌 받은 기억도 생생하고
좀처럼 조퇴하기가 어려웠습니다.
지각 대장이라는 말은 수치스러웠고요.

그런데 학교를 졸업하고 나서는 결석이라는 말이 사라지고,
직장인들은 출근이라는 말로 바뀝니다.
출근하는 분들은 결근이나 지각이
분명히 자신의 근무태도를 평가하는 기준이 됩니다.
마찬가지 일터에서 조퇴하기도 그리 쉽지 않습니다.
동료들에게 미안하고, 상사에게는 여간 거북합니다.
지각이나 결석, 결근은 예의를 떠난 규정을 어긴 것이 되지요.

교회도 나오면 주일을 준수하게 됩니다.
기본적 준수는 주일마다 예배 참석입니다.
모두 365일 중의 52번 주일예배가 있습니다.
역시 한번도 결석 없이 예배드리는 것은 옳은 것입니다.
금년도 42번이 가고 10번이 남았습니다.
그동안 이모저모로 예배를 빠지거나
어쩔 수 없이 빠지는 일이 있었습니다만,
남은 10주 동안은 한번도 결석하지 않는 기간으로 정했습니다.
11월 12월부터 2009년 1월 첫 주까지입니다.

아울러 예배에 지각도 안 하는 주간입니다.
이 기간의 제목을 '하나님이 찾으시는 사람'이라고 써 봤습니다.
하나님께서는 진실로 예배하는 자를 찾으십니다.
10주 동안 예배에 빠지지 않는 것을 바탕으로
진실로 예배드리는 기간입니다.
진실로 예배드리는 자는 예배에 빠지지 않고 지각도 하지 않습니다.
전심으로 여호와를 예배합시다. 다음 주부터 시작합니다,
우리 다 같이 시이~~~~자악!

"여호와의 눈은 온 땅을 두루 감찰하사
  전심으로 자기에게 향하는 자들을 위하여 능력을 베푸시나니"
  (대하 16:9)

2009년 6월 7일

왔다가 그냥 가지 마세요

조금은 어설프고 부족한 듯 보이나
그래도 무언가를 전달하고자 함입니다.
하나님의 강림하심이나 유월절 양의 피를 바르거나
무교병과 쓴 나물을 먹는 일들.
그리고 제사장의 의복을 입어보거나 십계명의 두 돌판을 만들어 보고
금송아지를 만들어 보고 성막을 구성해 보는 일….

애굽에서 나와 하나님의 백성이 된
이스라엘 백성이 겪고, 보고, 들었던 내용을
간단하게 재현해 봄으로 구원받은 우리들의 현재를 살펴보는 것이지요.
이를 위해 예배 사역팀들이 이모저모로 고심이 많습니다.
어떻게 하면 좀 더 성경 말씀을 가깝게 만날 수 있을까 하는 것입니다.

조금 부족한 듯 보여도
그 의미에 초점을 두고 같이 예배하시는 분들에게 감사드립니다.
예배자는 하나님이 선택하십니다.
그리고 그 부족하고 더러운 부분들을 가려 주십니다.
또한 부족하고 더러운 부분을 제거하는 방식으로 제물을 원하셨습니다.

그렇게 해서라도 자기 백성을 성결케 하고자 하심입니다.

예배는 하나님을 만나는 것입니다
만나서 뭐 하느냐고요?
오늘 우리는 예배에 나와 늘 그리스도의 피로 내 죄를 용서받는 거예요.
영혼의 밥도 먹고 가구요 나의 소망도 다 부탁하고 가는 것이지요.

그러니 그냥 가시지 마세요. 깨끗한 심령으로 돌아가세요.
숨겨놓은 것 없이 그냥 잘못한 것 감추지 말고 다 꺼내서 드리세요.
배부르게 먹고 가세요. 맛은 덜할지 몰라도 먹어야 삽니다.
배고픔을 모르신다면 아마 위장이나 머리가 고장 난 경우일 거예요.
먹어도 양이 차지 않거나, 맛도 약도 안 된다면 차라리 화를 내세요.

가실 때는 소원과 소망을 확실하게 부탁하고 난 다음에
안심하고 돌아가세요.
미덥지 않으면 아예 떼를 쓰고
아예 협박이라도 하세요.
오실 때는 살아서 오시고요,
그다음엔 죽으세요. 완전히 죽으세요.
나 말고 그분이 원하시는 것이라면
억지로 수십 번 곱하기 하면서
이를 '앙' 다물고 하세요.
이왕에 할 거라면 적극적으로 하세요.
그렇게 하시면 나갈 때 싱싱하게 살아서 나가실 거예요.

빛과 소금으로 살다

2010년 5월 23일

같이하면 좋습니다

사실 교회에서 진행하는 여러 가지 일을
못 이긴 체하고 따라와 주시면
안 하는 것보다 훨씬 좋거든요.
같이 하기엔 여러 가지 사정과 제약되는 현실이 있겠지만
'아하. 이것은 나를 위한 하나님의 계획이 있구나.'라고 하면서
여타의 것을 뒤로하고 함께 하면 그야말로 좋거든요.
괜한 자존심 아니면 괜한 상실감과 허무감에 자신을 맡겨
내 앞에 지나가는 기회들을 그저 놓치는 경우가 더 많습니다.

참 조심해야 할 것은 자존심인데요.
또 '하면 뭐 해'라고 하는 그 허무감정이 자신의 이성을 지배하면
그야말로 스스로 비토주의자가 되고 맙니다.
말이야 '아, 예, 좋지요, 좋고 말고요' 하지만
정작 본인은 한 걸음도 안 나서는 경우입니다.
그리고 혹시라도 자기 귀에 만족한 비토의 목소리를 들으면
그저 스스로 안위하면서 '거봐 내 그럴 줄 알았어!' 하면서
스스로 정당성을 부여하면서 은근슬쩍 나도 모르게 단수가 높아집니다.
그 높아지는 단수가 뭔 줄 아세요?

'안 해 보고 다 해 본 것처럼
과거의 어떤 잣대로 현재든, 미래든 재는'
교만의 단수가 높아진답니다.
자고함이지요.

거기에 몇 가지가 있습니다.
은근슬쩍 말 한마디로 다른 사람들을 실족시키는 것.
수군거리며 상대방이 안 되기를 바라는 것.
자기 정당성에 익숙해지면 이미 성장이 멈출 것입니다.

나를 위해 원수의 목전에서도
식탁을 준비하시는 하나님이 나의 목자입니다.
마련되고 준비된 것들이 모두 일상에서의 식탁입니다.
신앙의 실력은 조금씩 쌓여가는 것입니다.
바람이 불고 홍수가 나도 흔들리지 않는 튼튼한 신앙이 될 것입니다

2011년 10월 9일

그리스도인이 사는 법

오늘은 올해 들어 세 번째 세례 의식을 합니다,
새로운 그리스도인들이 탄생하는 날입니다.
그리스도인이 되면 그리스도인답게 살아야 합니다.
그때 하나님은 나의 도움이시오, 힘이시며, 방패가 됩니다.
그러기 위해서는 어떻게 할까요?

1. 말씀과 예배가 생활이 되어야 한다
하나님과 절친, 친해지려면 하나님을 가까이해야 한다.
예배는 나의 가장 소중한 시간이며, 나의 큰 소망이며
결코 소홀히 하지 말아야 한다.
그리고 그분을 날마다 만나는 방안은 말씀 묵상이다.
날마다 하루 10~20분의 만남이다.

2. 기도 없는 신앙은 모래 위의 집이다
바람 불고 비가 많이 내리면 위험하고 무너진다.
많은 그리스도인이 힘이 없는 무기력한 신앙인이다.
고난이 오면 세상 사람과 다름없거나
더 무기력하고 생활에 활력도, 여유도, 평안도 없다.
하나님과 주고받음이 없는 신앙은
그저 신앙생활이 갈수록 의무가 된다.

3. 교제의 생활화이다

다른 그리스도인들과 사귐은 하나님 가족과의 신앙이다.
서로의 나눔과 교제는 풍성한 신앙생활의 틀이다.
서로 사랑함은 부대끼며, 미워하며, 싸우면서 만들어져 가는 것이다.
애증이 교차하면서 죄인도, 원수도, 친구로 변하는 것.
이것이 교제이다.

4. 언제 어디서나 그리스도인임을 부끄러워하지 않는 것이다

내가 당당하면 하나님께서도 어디서나 나를 당당히 세워주실 것이다.
세상은 우리에게 숨어서 예수를 믿으라고 한다. 남모르게 믿으라 한다.
너 혼자서나 잘 믿으라고 한다.
그러나 주님은 말씀하신다. 빛처럼 숨어서는 안 된다고.
소금처럼 자기 맛을 내며 살라고 하신다.

5. 가정에서 하나님 사람으로 살아라

신앙의 터전은 가족이다. 신자답게, 하나님의 가족으로 살아라.
사탄은 나에게서 그리스도에 의해 쫓겨난 영이다.
사탄은 계속해서 재진입을 시도한다.
나를 미혹한다. 나를 속인다. 나에게 강한 자존심 등을 심어
하나님의 말씀을 불순종하는 고집을 피우게 한다.
불순종하게 하고 거역하게 한다.
예전의 나처럼 거절의 영, 부정의 영을 심는다. 이것은 영적 싸움이다.
자기 행동이나 말씨나 생각이 교회나 신앙을 향해 부정적이라면
'예수의 이름으로 물러가라!'라고 선포하라.

- 세례자에게 주는 메시지 -

2011년 11월 27일

목사 10명에게 물었습니다

어떤 사람이 교회 사역에 제일 좋은 사람인가?
실력이 있는 사람? 헌신도가 높은 사람? 한 교회를 오래 섬긴 사람?
생활과 신앙이 바른 사람?
그런데 이런저런 이야기를 나눈 뒤에 이구동성으로 말했습니다.
지난주 월요일 인근 목회자 10명이 앉아서 나눈 이야기에서 말입니다.
모두가 정답을 하나로 냈습니다.
그것은 다름 아닌 '시간을 낼 수 있는 사람'이었습니다.

아무리 실력이 있고 헌신도가 높고, 한 교회를 오래 다니고,
생활과 신앙이 바르다 할지라도 시간을 낼 수 없는 사람은 어렵고
시간을 낼 수 있는 사람이 교회 사역에 제일 좋은 사람이라고 했습니다.

어제 우리는 소중한 일을 했습니다.
교회를 목양해 갈 3명의 장로님과 10명의 안수집사님과
12명의 권사님이 임직 했습니다.
하나님의 선한 일꾼이자, 세상에 보내지는 하나님 사람이 된 것이지요.
이제는 진짜 숨을 수 없는 그리스도인이 된 것입니다.
있는 자리가 어디든지 그들은 빛이 되는 것입니다.

어디를 가든지 꼬리표가 붙어 다닐 것이고,
어딜 가든지 하나님께서 줄줄 따라다닐 것이며,
하나님 믿는 것 때문에 불편한 삶을 살아야 할 것입니다.

예전에야 그냥 믿는, 그냥 교회 다니는 사람이었지만 이제는 아닙니다.
그리스도인으로 사는 자가 되었고,
그렇게 살아갈 때 하나님께서 그들의 삶을 책임져 갈 것입니다.
함부로 말하지 않고, 들어도 들을 말 안들을 말 구별할 줄 알고,
보아도 다 본 것이 아닌 심사숙고하게 되고
누구에게나 친절해야 합니다.
왜냐하면 이제는 그리스도의 증인이자
사랑의 실천자이기에 그렇습니다.
교회의 일꾼, 중직자가 된다는 것은 그것입니다.
그리고 하나님이 원하시는 시간에 같이 있는 자입니다.

그리고 날이 갈수록 거짓말을 많이 할 것입니다.
이것을 조심하는 것이 참 좋은 사역자요,
하나님의 사람이 되는 것입니다.
그런 25명의 용사가 탄생했습니다.

2015년 1월 18일

하나님이 나를

교회에서 나름대로 직분을 맡습니다.
이때 기본적으로 생각할 것이 있습니다.
그것이 방향이고 목적입니다.
그리스도인들의 목적은 성숙한 사람이 되는 것입니다.
'성숙이란 존재의 문제이다.'
내가 어떤 인격의 사람이 되느냐는 것입니다.

교회 안에 직분을 맡으신 분들은 어떤 사람이 되어야 하는가?
왜 나에게 직분을 주셨을까요?
아마도 몇 번, 아니 수십 번도 들었을 법합니다.

1) 바른 신앙생활을 하도록 하기 위함입니다
바른 신앙생활은 예배에 충실하고 기도하며 살아서
하나님과 더욱 친밀해지는 것입니다.
나의 작은 섬김으로 서로에게 작은 천국의 삶을
이 땅에 살도록 하는 것입니다.
그것은 모든 세상을 힘 있게 사는 원동력이 되기 때문입니다.
우리 집사답게, 권사답게, 장로답게, 신자답게 충실합시다.

2) 바른 가정생활을 하도록 하기 위함입니다

각자의 위치(남편, 아내, 자녀, 부모) 역할을 온전하게 하기 위함이지요.
그것이 하나님께서 우리에게 원하신 행복한 삶을 주시는 것이기에
나는 자녀답게, 부모답게, 남편답게, 아내답게
서로에게 대접하며 사는 것입니다.

3) 바른 사회생활을 하도록 하기 위함입니다

하나님의 관심은 이 세상입니다.
하나님이 세상을 사랑하사
그 세상으로 자기 백성을 보내시는 것입니다.
빛으로 소금으로 보내시는 것입니다.
하나님이 누구인가를 나를 보고 알도록 하시는 것입니다.
그리스도가 우리에게 복음이듯이 내가 세상 사람에게 복음입니다.

그렇게 해서 성숙한 사람이 되도록 하는 것입니다.
성숙하다는 말, 인격이라는 말은
자기 행위의 책임을 지는 존재를 말합니다.
그리고 지적으로, 정적으로, 의지적으로
하나님과 깊이 교감한다는 말입니다.

2018년 7월 1일

새 세대는 다음 세대입니다

"한 세대는 가고 한 세대는 오되 땅은(교회는) 영원히 있도다"
 (전 1:4)

교회는 항상 '원래의 교회'라는 잣대로 개혁해야 한다고 합니다.
세상은 언제나 변화(Change)와 혁신(Innovation)이 주도해 갑니다.
교회는 원칙에서 변화와 혁신을 하고
그 변화와 혁신을 원칙으로 살피는 것이지요.
변화가 아닌 변질이 되지 않았나?
혁신이 아닌 이질화되지 않았나를 보는 것입니다.

이를 위해 교회의 잘못된 관행이나 익숙해져 버린 악행들을
단절함이 필요합니다.
자신의 신앙과 교회의 방향이 '원래의 토대' 위에 서 있는지를
보는 것입니다.

여기엔 욕을 먹을 각오와 지적을 당할 용기와
적극적 수용이 따라야 합니다.
아울러 갈수록 수구화(守舊化) 되어가는

기득 지식과 기득 세력의 전횡(專橫) 앞에서…

개혁의 원칙은 골백번 말해도 성경입니다.
그래서 교회와 신앙에 있어서 개혁하는 힘의 원천은 성경 공부입니다.
성경 공부야말로 변질과 이질화되고 화석화된 교회와
자신을 들여다보는 최고의 도구입니다.

생명체의 모든 것은 움직이지 않으면 썩습니다.
신앙은 생명체입니다. 신앙 생명체의 산소나 양식은 성경입니다.
이것은 아무리 오랜 세월 속에서도 분명한 캐논(Canon)입니다.
정체된 신앙, 오래된 신앙은 성경을 계속 배우지 않는 데서 옵니다.
그 신앙의 특징은 예배의 기쁨, 말씀의 희열, 속사람의 성장이 없습니다.

교회의 개혁은 새 옷 입는 것도, 새로운 것의 도전도 아닙니다.
항상 주님의 말씀 안에서
새로운 것이 교회를 미혹하지 않게 하는 칼뱅의 말을 따릅니다.
그리고 새로운 세대에게 말씀을 가르치고 예전 세대에게 말씀을 가르쳐
새 세대이든, 예전 세대이든 다음 세대로 이어짐이지
다른 세대의 전진이 아닙니다.
새로운 교회는 새로운 다음 세대가 만들어 갑니다.
다음 세대는 다른 세대가 아닌
이어가는 세대인 만큼 그들이 일선에 설 때
늘 개혁되어 갈 것입니다. 우리는 늘 성경을 배우고 배워야 합니다.
그렇지 않으면 수구화, 화석화, 정체화된 뚱뚱한 신앙인이 될 것입니다.

2018년 10월 7일

칭찬은 귀로 먹는 보약입니다

우리나라 복음 광고의 대가 정기섭 님이 만든 카피입니다.
이름하여 "칭찬은 귀로 먹는 보약입니다."

로마서를 마감하면서
성도들에게 신신당부하는 말이 서로 비판하지 말라 하십니다.
신앙생활에 장애물을 놓는 사람들을 조심하고 그들을 멀리하라 합니다.
선한 일에 지혜롭고, 악한 일에 미련하다고도 합니다.
보통 사람들은 악한 것에는 지혜롭고 선한 일에는 미련합니다.

결국 신앙을 해치는 세력은 외부의 적이 아니라
내부의 성도라는 것입니다.
내가 신앙을 오래 했다면,
내가 우리 교회를 오래 다녔다면,
내가 교회의 직분을 가진 자라고 한다면,
우리의 일은 성도들을 향한 격려와 배려와 칭찬입니다.

교회의 어떤 일들을 보십시오.
나름대로 본인이 가진 시간과 능력으로 최대한 열심을 다한 것입니다.

어설프게 보이고 별로 훌륭하지 못하다 하더라도.
열심히 하는 것이 중요하고 그보다는 잘하는 것이 더 중요하겠지만.
발표회를 하거나, 행사를 진행했거나,
무엇을 해서 어떤 결과들을 가져왔을 때
비록 낭패고, 실패라고 할지라도
누구도 그것을 비판할 자격은 없습니다.
모두가 하나님에게 드리는 것입니다.
실수마저도 주님은 받으십니다.
우리의 일은
그 행위자를 인정해 주고, 격려하고, 칭찬하는 일입니다.

물론 잘하도록 도와야 합니다.
어쩌나 보자 하고 사시(斜視) 하지 않는 것입니다.
도와주지 않았다면, 기도하지 않았다면
평가도 삼가야 하지 않을까 합니다.
순수함을 읽어주고, 철저한 아마추어라 할지라도
받으시는 이가 하나님이시니
내가 격려하고 칭찬하는 것으로 그 일에
나도 한몫 거드는 것이 아닐까요?

2019년 6월 16일

12 장로가 있었으면 좋겠습니다

우리 교회가 좋은 교회일까요?
좋은 교회는 좋은 성도들과 좋은 목사, 좋은 장로가 있어야 합니다.
이것은 욕심내야 할 덕목들입니다.
그것이 교회의 복이고 성도의 복이기 때문입니다.
나는 '좋은 성도, 장로, 목사' 일까요?
좋은 일꾼이라면 나는 '더 좋은 성도, 장로, 목사'이기를 원합니다.
아니라면 좋은 일꾼 되는 것은 하나님을 기쁘시게 하는 일입니다.
그때 내 삶이 기쁘고 즐거워집니다.

교회의 좋은 일꾼은
첫째는 사랑하는 사람이고요,
둘째는 인색하지 않은 사람이고요,
셋째는 부드러운 마음을 가진 사람이어야 합니다.
그중에 인색함이 제일 어렵습니다.
인색이라 함은 흔히 물질만을 생각하나,
물질은 물론이고 더 나가 시간과 마음에 인색하면
그야말로 참 힘듭니다.
교회의 좋은 일꾼은 시간과 물질과 마음이 후한 사람입니다.

아울러 교회의 일꾼은 하나님의 선한 일을 사모하는 자입니다.
자기주장을 하지 않으며, 고집을 피우지 않는 자입니다.
가장 필요한 것은 영적이어야 합니다.
영적 깊이와 넓이, 높이를 계속 확장해 가야 합니다.
장로 된 이후에 영적인 발전이 없다면
앙상한 나무 같아서 몇몇 가까운 이들만 깃들 뿐….
많은 자가 깃들지 않습니다. 항상 저만큼 있을 뿐입니다.
그뿐만 아니라 봉사, 예배, 헌금, 도덕적인 삶은
말이 아닌 행동이어야 합니다.

일꾼은 교회의 피스메이커여야지, 트러블 메이커가 되면 안 됩니다.
인격이 부족하면 늘 기고만장하고 성도를 귀히 여길 줄 모르지요.
그뿐만 아니라 오래 참고, 성질을 내지 않고 친절해야 합니다.
만장일치가 아닌 다수의견에 기꺼이 협력합니다.
혹시라도 본인의 완고함이 교회를 정체시키지 않도록 해야 합니다.

좋은 장로를 선출하는 것,
성도 각자가 기도하며 눈 부라리며 찾아야 합니다.
아울러 나도 좋은 장로의 소망을 갖는 것입니다.
또 장로에게 적극 협력하는 거고요.
이 선한 직분에 욕심을 내고
우리 교회가 12명의 장로가 구성되었으면 좋겠습니다.
거기에 맞는 제도를 구비하고요.

신앙은 즐거움입니다.
하나님께서는 함께 하는 즐거움을
우리와 나누시는 것이고
우리는 그 나눔으로 내 마당에서
함께하는 자들과 누립니다.

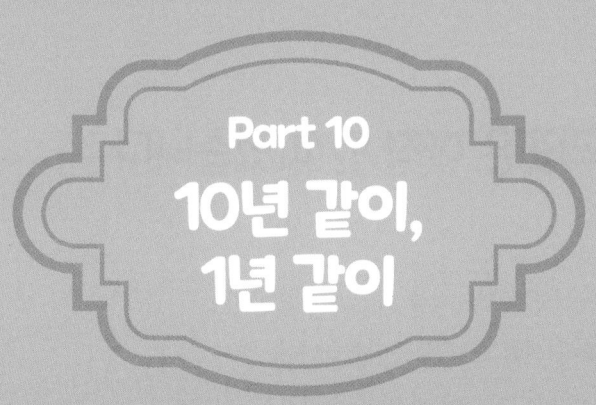

Part 10
10년 같이,
1년 같이

2003년 2월 9일

미나리꽃은 아직 안 피었습니다

어쩌면 스스로에게는 처음 있는 일이었습니다.
명절을 맞아 신권 화폐를 준비했습니다.
느닷없는 한마디가 그렇게 만들었습니다.
처남이 장인어른에게 드리는 말씀 중에서
'아버지 우리도 낼모레면 50입니다.'라는 말이
처가를 다녀온 뒤 계속해서 남은 여운이었고
설이 되자 이상한 기분이 들었습니다.

지금까지는 청년회원들이나 가장 가까운 친척들의 자녀들에게서나
의례로 받는 세배 외에는 세배 온다고 하면 극구 사양했습니다.
그런데 스스로가 올해는 세배받자고 결심했습니다.
자신에 대해 다짐을 하나 세웠기 때문입니다.
그러고는 꿈도 야무지게 세뱃돈을 바꾸어 놓았습니다.

그러나 첫 세배는 신권이 도착하기 전에 받게 되었습니다.
저로서는 가족을 뺀 사람으로는 성인에게 처음 세배를 받은 것입니다.
묵은세배(설 전날에 드리는 세배)였지만 남다른 감회가 있었습니다.
설이 지나고 주일이 설 다음이어서

성도들 가운데 몇 분이랑 청년들이 세배 차 오셨습니다.
감사하고 고마웠습니다.
이상하기도 했지만 스스로 다짐함이 있어 야무지게 받았습니다.
세배상은 내지 못하고 세뱃돈만 건넸지만
아쉬운 것은 옛날처럼 세배상 차려서 같이 먹고 마셨더라면
하는 아쉬움이 있었습니다.

그러면서도 다음 날 아침 묵상을 통하여
교회 내의 어른들에게 세배를 드려야 하고
내년에는 제가 먼저 나이 드신 어르신들에게 세배를 가겠다는
깨우침이 들었습니다
그리고 교회의 장로님들에게 교우들이 세배하는 것도 당연하다고.

옛말에는 세배는 미나리꽃이 필 때까지라는 말이 있답니다.
즉, 세배는 시기가 늦더라도 꼭 챙겨서 드려야 한다는 말이랍니다.
꼭 챙겨서 세배하실 분이 있으신가요?
미나리꽃은 아직 안 피었습니다.

2005년 3월 13일

10년 같이, 1년 같이

일전에 등록한 신혼부부의 집을 방문했습니다.
그리고 나이 드신 분들의 가정도 방문했습니다.
신혼부부들은 나름의 열과 성을,
나이 드신 분들은 정성을 다하여 예배를 드리고 다과를 대접합니다.
식사를 못 드렸다고 기어이 날을 잡아
다시 식사 약속을 정하는 긴한 마음도 보았습니다.

여러 번 말씀드렸지만,
첨단지역에 사는 한 귀한 성도는 가정방문이 있을 때
오실 분을 위해 커튼을 바꾸고, 아름다운 꽃으로 장식하고
가장 그분이 좋아하실 과자와 과일을 준비합니다.
늘 느끼는 것이지만 성도들을 방문할 때마다
너무 과분한 대접을 받는다고 생각합니다.

이것은 우리 주님이 받으셔야 하는데
내가 가로채고 있지는 않나 하여
내내 대접만치 더 낮아지고, 같아지려고 해 봅니다.
내가 이런 대접을 받고

이 가정을 위해 무엇을 할 수 있는지는 항상 작습니다.
그냥 들르는 것처럼 들르되, 결코 그냥 가서는 안 된다고 다짐합니다.
예수님께서 다녀가신 집은 어떠했을지 생각해 봅니다.
병이 낫거나, 근심이 사라졌거나
삶의 변화를 넘어 어느 면으로든 가져오지 않았을까요?

일주일 전 서울에서 작은 가게를 하는 친척 집에 들렀을 때
이런 말을 했습니다.
"사람들이 그러는데 내가 다녀가면 그날 그 집에 장사가 잘된다."
정말 그날은 그 집이 아주 오랜만에 성황을 했답니다.
주님이 제 말을 들어주신 것이지요. 오직 주님께 감사!
아주 작게는 그런 간절한 바람을 가져봅니다.

성도들이 자기의 열과 성의로 대접하려 하는
귀한 마음과 실재를 볼 때마다
말씀 한 구절, 말 한마디, 선물 하나,
방문자의 옷차림까지도 같이 대접하고 싶습니다.
지금은 지난 광고문구지만 왠지 그 말이 좋아 보입니다.
일 년 되었는데 10년 된 것 같고, 10년이 지났지만 일 년 된 것 같은.
십년지기도 오늘 본 것처럼 신선하고,
오늘 처음 오신 분도 10년 된 것 같이.
그런 관계로 귀한 성도들과의 기쁨과 즐거움을 넓혀가는
아름다움을 감사합니다.

2005년 7월 17일

김밥 두 줄

수요일 밤, 애매한 시간이 있습니다.
오후가 지나고 밤 8시 집회까지는 애매한 시간이었습니다.
9시 30분이 넘어야 저녁 식사나 간식이 될 것 같아서
여기저기를 살펴보다가 어떤 분에게 김밥을 부탁했습니다.

그런데 집회 시간은 가까워지는데 김밥이 도착하지 않습니다.
10분 전에 왔습니다. 그런데 김밥이 아니라 도시락이 왔습니다.
밥을 담고, 찌개를 담고, 김치도 담고, 어제 산 생선이라며 삼치도 굽고.
김밥에 비하면 진수성찬이 왔습니다.
얼마나 맛이 있던지.

감사하고 감사하는 마음으로 과식했습니다.
김밥 두 줄이 도시락으로 변하고,
거기에 정성과 맛이 덤으로 왔습니다.

가끔 이렇게 과분한 대접을 받는 나 자신이
너무 죄송스러울 때가 많습니다.
언제부턴가 지금 살고 있는 것조차도

사실은 덤으로 살고 있지요.
진즉 세상에 없어졌을 존재라는 생각을 많이 합니다.

그런데 단순히 하나님의 사역을 한다고
이리저리 마음으로, 말로, 물질로, 음식으로
각양각색으로 대접받는 것에 황송하고 송구합니다.

과분한 인생을 사는 자로
'욕심부리지 말자.'
'하늘 쳐다보고 사는 천수답처럼 살자.'

가진 것 없이 적신으로 와서 여기에 이르렀으니
그저 감사할 뿐입니다.
감사하고 감사하며 살자.
그리고 사랑하는 좋은 분들에게 진심으로 부끄럽습니다.

2006년 4월 23일

부스스한 아름다운 얼굴들

지난 일주일 동안 고난주간 새벽기도회를 전심으로 마쳤습니다.
새벽을 깨워 잠을 주시는 여호와이심을 감사했습니다.
그리고 주일 부활절 예배, 바비큐 파티.
바비큐 파티에 수고해 주신 모든 분께 진심으로 감사드립니다.
엄청나게 수고해 주신 분 덕택에 바람은 불어도 파티는 좋았습니다.
선교 구제팀의 사전수고와 구이를 맡아 주신 분들,
뒷마무리를 감당한 청년들과 마완호셀 너무너무 감사를 드립니다.

저는 새벽 동산 예배부터 시작하여
1부, 2부, 주차장 바베큐파티에 이어
맞춤 전도 장소 답사 가정 성장학교를 차례로 하루를 마치니
녹초입니다.
새벽 4시 30분에서 밤 9시까지 잠시의 쉼도 없이
계속되는 하루였습지요.
그리고 월요일 새벽입니다. 벨 소리에 4시 50분 눈을 뜹니다.
'아, 피곤하다. 쉬자, 쉬자.' 몸이 벌써 말과 마음의 영향을 받았는지
일어나기가 쉽지 않습니다.
'새벽기도회를 가야 해? 말아야 해?'를 몇 번 반복합니다.

'가? 가지 마?'의 영적 전투를 20분쯤 반복하다가
'일어나자!'하고 부리나케 나갑니다.
'다른 사람들도 피곤해서 오늘은 몇 분 안 될 거야.'
'하지만 그분들도 나오시는데 실망하게 하면 안 되지.' 하면서

아, 그런데 새벽 기도회실 문을 열고 들어가자
방바닥을 앉아 새벽기도회를 기다리고 계셨습니다.
순간 눈이 둥그레지고 '아, 내가 헛생각 했구나.' 하면서
예배를 드렸습니다.

그리고 문득 그분들의 면면을 살펴봅니다.
안경을 쓰고, 보고, 또 봅니다.
약간 덜 다듬어진 머리카락,
4월 봄인데도 새벽 추위로 두툼한 옷들,
그리고 순간순간 보이는 부스스한 화장기 없는 얼굴들.
열심히 성경을 읽고 묵상 노트에 적는 모습입니다.
큰 감동이 가슴 깊이에서부터 올라왔습니다.

'아름다운 사람들, 부스스하지만 세상에서 아름다운 얼굴들'이라고
묵상 노트에 적었습니다.

'아름다운 사람들, 부스스하지만 세상에서 제일 아름다운 얼굴들'

2008년 11월 16일

아멘 신앙

요즈음 들어 새벽 큐티는 학개서와 말라기입니다.
성전을 중심으로 한 삶과 예배의 중요성을 보는 내용이 있습니다.
가끔은 그런 생각을 해 봅니다.
태생적으로 하나님만을 믿는 이스라엘이
어떻게 우상숭배 국가로 전락할 수 있을까?
무엇보다도 전심으로 드리는 예배가 자꾸 형식화되지 않았나 합니다.
드리는 예배에서, 보는 예배로 가지 않았나 싶습니다.

'하나님이 찾으시는 사람' 할 나는 누구인가….
그리스도인으로서의 정체성은 이렇습니다.
하나님의 영광이 어떤 것인지 세상에 드러내기 위하여
부름을 받은 귀한 존재입니다.
하나님이 어떤 분이신지,
예수님이 어떤 분이신지를 드러내는 존귀한 존재들입니다.
그런 의미에서 나는 복 받은 존재이고 평화의 존재입니다.
그렇게 하도록 하나님께서는 온 마음으로
하나님을 찾는 자에게 능력을 베풀어 주십니다.
전심으로 여호와를 찾는 자들에게는 복이 있다고 하셨습니다.

하늘에서 인생을 굽어 살피사
진심으로 하나님을 찾는 자를 찾으신다고 하셨습니다.
전심으로 예배하려면
찬송 가운데 내가 들어가 하나님의 임재를 보는 것입니다.
기도 가운데 내가 들어가 하나님의 음성을 듣는 것입니다.
말씀 가운데 내가 들어가 말씀에 아멘으로 화답하는 것입니다.
봉헌 가운데 내가 들어가 오직 기쁨으로 드리는 것입니다.

성도 간의 진정한 교제 가운데 들어가는
셀 공동체에 함께 하는 것입니다.
나만이 아니라, 온 가족이 하나님의 다스림 아래
진정한 하나님 가족이 되는 것입니다.
내가 진정한 하나님의 대사(大使-보내심을 받은 자)로
어디에나 사는 것입니다.
실로 엿새 동안의 힘써 일함이 거룩한 안식을 지키는 전제입니다.

그런 자들에게 하나님께서는 눈으로 보지 못하고, 귀로 듣지도 못하고,
마음으로도 생각지 못한 것들을 예비해 놓으시고 주십니다.
그래서 우리는 무엇이든 할 수 있습니다.
못 하지만 주님은 모든 것이 가능하시기에 나도 한번 해보는 것입니다.
우리 남은 7주 동안 전심으로 하나님께 예배를 드립시다.
어떤 시간도 이 시간보다 귀할 수 없고, 우선할 수 없습니다.
그리고 연말에 그분 때문에 바쁘고, 손해도 보고, 눈물도 나보고,
그분 때문에 잠도 안 자고, 일찍 일어나고, 참고,
오직 그분의 말씀에 아멘 신앙이 되면 그것이 나에게 힘입니다.

2010년 6월 13일

그라믄 나라도 가서 그냥 앉아있기라도 해야겠네

문화센터를 개강하면서 일어난 일입니다.
개강이 임박해도 정원이 차지 않는다는 말을 전해 들은
어느 분이 하신 말씀입니다.
처음 시작인지라 많은 과목을 개강했으나 정원이 차지 못하여
개강하지 않는 과목이 있습니다.
그분은 처음 개강하는 날 오셨습니다.
노래교실에 들어오신 것입니다.
강사분도 놀라시고, 다른 분도 놀라시고,
다들 놀랐습니다.

지역주민에게 도움이 되는 교회
그리고 성도들도 '건전한 웰빙 세계로의 생활'
이런 목적을 가지고 사회 속에 출발했습니다.
조급하게 시작한 탓도 있습니다만,
기본적으로 함께 하실 우리네 식구들이 맞질 않습니다.
이유인즉 전업주부가 많지 않은 탓이지요.
이제 시작이라 알고 점차 지역주민의 참여가 많아지리라 생각합니다.
많은 기도해 주시고 관심을 두시기를 바랍니다.

개강한 과목을 모두 아주 유익한 강좌입니다.
오신 분들은 "와 좋다. 진짜 좋다."라고 하셨고
강사분들도 열정적이었습니다.

위에서 말씀드렸던 "그라믄 나라도 가서…" 하고 말씀하신 분은
올해 연세 88세가 되시는 정부자 권사님입니다.
거동이 불편하시고 말투도 어눌해지신 분이
"사람이 없다면 교회에서 하는 일인디 나라도 가서
자리라도 채워줘야 하지 않겠는가?"라고 하면서 자리를 채우신 것입니다.

하나님을 사랑한다는 말이 무엇일까를 생각해 보고
감사하고 감사했습니다.

젊게 사는 방식,
쉽게 늙지 않는 법 중의 하나는 끊임없이 배우는 것이랍니다.
여름 무덥지만,
배움의 열기로 이열치열 하시면 더욱 좋을 것 같습니다.

2013년 4월 21일

맨투맨 감사

오랜 지인과 식사를 위해 근동의 식당에서 한 청년을 만났습니다
웬일이냐 했더니
"오늘은 제가 일대일로 양육한 아이가 있는데
 그 부모님께서 같이 식사를 하자고 해서 왔습니다."

자녀가 신앙 양육을 받는데
그를 가르치는 리더에게 음식을 대접하는 일은
서로에게 귀한 일입니다.
자녀에게 마음 써준 리더에게 감사를 표시하는 일을
자녀와 같이 식사하면서 챙겨주는 일입니다
순간 '참, 고맙다. 모두 다. 아이도, 양육 리더도, 그 부모도'라고
생각했습니다.
마침 같이 식사하는 가족이 어머니도, 딸도 양육 리더이기에
상황이 어떠하냐고 직접 물었습니다.

이런저런 이야기를 듣고 감사하고 감사했습니다.
무슨 교리니, 양육이니 하는 내용이 물론 필요하겠지만
그보다 더 신앙하는 상호 간에 영적 교감이

풍성한 관계를 맺어가고 싶어서 간다는 게
신앙 안에서 행복한 일이었습니다.

누가 양육자이고, 누가 피 양육자이고는 그렇게 중요하지 않습니다.
내용이 기초이거나, 신앙의 연조가 많거나 작거나
역시 중요하지 않습니다.
'이 나이에 무슨 ~~ ?'
'아니 교회를 석 삼 년 다닌 것도 아닌데 이제야 무슨 ~~ ?'
하실 수 있습니다.
하지만 그 모든 것을 뛰어넘은 무엇이 있습니다.
거기엔 사랑이 있고, 관심이 있고. 앎이 있고. 하나님이 있습니다.

1차 맨투맨에 임해 주신 여러분과 맨투맨 리더들에게
진심으로 감사드립니다.

1차 수료식은 5월 12일에 하고
곧이어 2차 맨투맨의 '신앙지기'가 시작됩니다.

2016년 2월 28일

렘브란트와 돌아온 탕자

러시아 상트페테르부르크의
에르미타시 박물관에 있는
네덜란드 화가 렘브란트의 그림
「돌아온 탕자」입니다.

그림을 이렇게 해석합니다.
방탕한 생활을 하다 돌아온
작은 아들이 아버지의 품에
얼굴을 묻고 있습니다.
아들의 누더기 옷과
떨어진 누더기 신발과 상처 난 발바닥은
얼마나 힘들고, 고생하며 살았는지 보여 줍니다.
품에 안긴 아들 머리카락은 막 태어난 아기 모습의 삭발입니다.
아버지의 따뜻한 사랑으로 다시 태어났음을 의미한답니다.
반면 큰아들의 얼굴을 보면 시샘과 질투와 분노가 가득 찬 모습이고요.
그러나 아버지의 얼굴을 쏙 빼닮았습니다. 옷도, 수염도.

핵심은 모든 빛이 모인 두 손입니다.

크고 강인하게 그려진 손은 공의의 아버지 손입니다.
작고 부드럽게 그려진 손은 사랑의 손입니다.
아버지의 늙은 얼굴은 기다리다 늙었지만,
아들을 다시 찾았다는 안도감이 있습니다.
한쪽 눈은 그리워 눈물로 짓눌린 실명 상태지만,
눈가에는 사랑이 가득합니다.

즉, 렘브란트는 하나님의 공의와 사랑을 손으로 그리고
고개를 파묻은 탕자를 어머니의 배 속에 있는
태아의 모습으로 그렸습니다.

"아버지, 제가 하늘과 아버지께 죄를 지었습니다."

그런데 이 그림은 마치 렘브란트의 삶과 흡사하다는 것입니다.
그는 방탕한 삶으로 모든 재산을 잃었으며
부인과 두 딸은 젊은 시절에 잃었답니다.
노년에는 파산한 뒤 외아들을 잃고
그렇게 모든 것을 잃은 뒤에야
그는 하나님 앞에 무릎을 꿇었습니다.
화가는 이 성화를 그린 다음 해에 하나님 품으로 갔답니다.

교회는 누군가 그렇게 돌아온 자들이 모여
공의와 사랑으로 태어난 곳입니다.

2017년 9월 17일

죽음이 예고된다면?

우리 곁에 한 사람이 하나님의 부르심을 받아 갔습니다.
가족이 눈에 밟혀도 한참을 밟힐 텐데, 두고 갔습니다.
내가 간 것이 아니라 부르심을 받았습니다.

부음을 듣는 순간 먹먹했습니다.
사흘 전 토요일에 만났을 때만 하드래도
이렇게 빨리 부음을 들으리라고는 생각 못 했습니다.
월요일 지나 화요일 정오에 [운명했습…]라는
끝맺지 못한 흐느낌을 들었습니다.

창밖 하늘을 한동안 보며 큰 한숨 몰아쉬고 병원으로 달려갔습니다.
눈을 감은 그 분을 내려다보는데 자꾸자꾸 눈물이 났습니다.
장례식장으로 옮기고, 절차를 상의하고….

화요일 그날 오후 6시엔 마침 한 성도의 장인께서 운명하시어
완도를 가야 했습니다.
가서 운영 과정을 들었습니다. 입원 중에 계시다가 조금 쾌차하셔서
일주일 정도 고향으로 와 계시고 다시 입원하리라고 (폐암 말기였는데)
상태가 좋아 계획을 바꿔 추석 명절 지나고 입원하자 하셨답니다.
가족들도 주일에 얼굴 뵙고 "추석에 뵙지요." 했던 분이

월요일에 자는 듯이 운명하셨다고 합니다(85세).
그동안 고통은 없으셨답니다.

수요일 오전, 47세의 집사님의 입관을 돕는데 '아, 이리도 좁나.'
시신을 누인 관이 새삼스럽게 좁다는 생각이 자꾸 들었습니다.
꼼지락도 못할 정도의 반듯함이
'아, 좀 더 자유로우면 안 되나?' 하면서…
오열하는 남편과 자녀들의 슬픔에서 벗어나기 위해
생각을 돌아가는데도 슬픔을 금할 길이 없었습니다.

목요일 이른 새벽 발인을 마치고, 화장(火葬)을 하고,
유골을 안치하고 나오는데
눈에 밟히는 것은 고인의 아이들이었습니다.
'어떡한담, 어떡한담' 염려한다고 답을 줄 것도 아니면서…
자꾸 아이들의 영혼을 위해 '어떡한담'이 더욱 커졌습니다.

죽음, 그랬답니다. 아내가 남편에게
"어차피 한번 가는 길인데 나 먼저 가는 거야."
죽음, 그랬답니다. 딸이 엄마를 입관하면서
"엄마, 엄마 딸로 태어나게 해 줘서 고마웠어.
 다시 태어나도 엄마 딸로 태어날 거야."
죽음, 그랬답니다. 남편이 아내에게
"잘해 주지 못해 미안해. 잘해 주지 못해 미안해"

내일을 모르는 우리에게 죽음이 예고된다면?
- 우리 곁에 있던 박경순 집사님이 질병으로 소천했습니다.

빛과 소금으로 살다

2022년 12월 11일

감사 더하기 감사

8일 새벽 말씀 묵상 시간을 인도하는데 평소와는 조금 다른 발음이 됩니다. 명료하지 않은 거죠. 평소의 빠른 말이 되지 않는 겁니다. 또 글씨를 쓰는데 평소처럼 획이나 받침에 원하는 대로가 아닌 힘없이 쓱 풀리는 거예요. '왜 이러지?'하며 잠깐 손가락 마사지를 하고 써봐도 같은 겁니다.

당일 오전엔 새가족을 면담했고, 교역자들과 식사 후 커피 한잔하고, 다시 오후 새가족을 미팅했습니다. 그런데 대화 중에 제가 하고자 한 말이 정확하게 되지 않는 겁니다.

마침 여동생의 전화 요청이 와 있어서 통화를 했더니 영상통화를 원했습니다. 이내 속히 근처 신경과에 가라는 말에 근처 병원에 갔습니다. 문진 이후 곧장 MRI 검사로 들어갔습니다. 작은 뇌경색이라며 좌측 중앙쪽 약 0.7밀리 정도 되는 작은 실핏줄이라고 합니다.

당장 입원해서 일주일 경과를 보자고 말씀하셨습니다. 그런데 저녁 7시 또 다른 새가족 미팅과 사역자 아카데미 일정이 있어서 의사 선생님의 반대에도 불구하고 다음날 입원하기로 하고, 당일 저녁 약과 다음 날 아침 약을 지어 돌아왔습니다. 저녁 간이식사 중 서울에 사는 매제가 다급한 목소리로 전화했습니다. 신경과 전문의에게 연락해 두었으니 지금 바로 응급실로 가라고 합니다.

약속된 새가족 면담을 3분 정도 마치고, 곧장 응급실로 가서 CT를 찍고 집중치료실에 입원했습니다. 오전 중 판독 결과는 경미한 뇌경색으로 원인 찾기와 사후 관찰로 다음 주 화요일에 다시 MRI를 찍고 퇴원하는 것으로 가닥을 잡았습니다. 앞으로 계속 약을 먹어야 하고, 지금의 증세는 차츰 좋아지리라고 합니다. 단 한번 발생한 것은 추후 언제라도 발생할 소지가 있으니 "뇌혈관 관리수칙"을 엄수하라 했습니다.

이상 경과였습니다.
성도분들에게 심려를 끼쳤습니다.
건강관리 잘하겠습니다.
커넥션 준비부터 연말, 신년 계획 등으로 무리함도
작은 이유가 된듯합니다.
기도해 주신 당회원들과 중보기도팀 고맙습니다.

주님께 감사 감사드립니다.
다음 주에 뵙겠습니다.

교회는 누군가 그렇게 돌아온 자들이 모여
공의와 사랑으로 태어난 곳입니다.

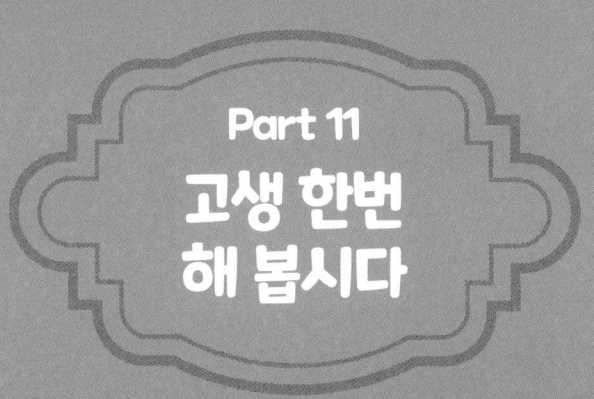

Part 11
고생 한번 해 봅시다

2003년 12월 14일

크리스마스에 나는…

"예수"라는 말은
"자기 백성을 죄에서 구원할 자"라는 말입니다.

이 말은 나와 예수의 관계를 규정하고 있습니다.
나는 그분의 백성이며,
그분은 나의 구원자라는 관계입니다.
나를 구원하시는 것이 옛날이야기가 아니라
오늘도 내일도 나의 모든 일에 구원자가 됩니다.

"임마누엘"은 "하나님이 함께 계신다"라는 말입니다.
그분이 오셔서 하고자 했던 일은
부유(가난), 자유(포로), 평안(눈 멂), 여유(눌린 자) 입니다.

그분이 보여 주신 것은 하나님 나라였습니다.
그 나라를 소개했고, 같이 가자고 했습니다.
그리고 그 나라는
죽어서가 아니라 '지금 나와 같이'라고 했습니다.
지금 우리는 그분의 나라에 있는 것입니다.

자기 백성!
나는 하나님 나라의 백성이라는 사실이 자랑스럽지 않나요?
그분이 나와 함께 하시면 아주 곤란할까요?
그분이 주시는 부유와 자유와 평안과 여유가 있습니다.
그분과 같이 있으면 더 이상의 큰일이 없습니다.
세상이 뒤집히고 하늘이 내려앉아도 큰일이 아닙니다.
잠시라도 떠나면 바람 한 점만 불어도 흔들립니다.

크리스마스에 내가 회복해야 할 나라입니다.
그리고 그 나라를 정말 기쁨으로
이웃에게 전하는 것이 내 사명입니다.

그분이 지금 나에게 또 오십니다.

2005년 12월 11일

양말에 담은 선물

고전이 된 '오 헨리'의 단편소설 「크리스마스 선물」을 다 아실 것입니다.
서로가 정말 필요한 것을 선물해 주어야겠다고 합니다.
그러나 부부는 둘 다 가난합니다.
그래서 자신이 가진 가장 귀한 것을 팔아서 상대방의 선물을 삽니다.
이후는 잘 아실 것입니다.
선물, 가장 필요한 것을 주는 것.
선물, 내게 가장 귀한 것이라도 사랑하는 자에게는 팔아서 주는 것.
그것이 선물입니다.

크리스마스 카드가 예년 같지 않을 것입니다.
문자나 이메일이 많아지면서 자연스럽게 줄어들고,
카드 비용이 만만찮으니 더욱 그럴 것입니다.
크리스마스는 인류가 받은 최고의 선물입니다.
모든 사람이 정말 필요한 것을,
하늘에 계신 분이 가장 귀한 것을 보내셔서 채우십니다.
모든 사람에게 필요한 것은 평화입니다. 평안입니다.
가장 귀한 것은 하늘의 영광스러운 자리에 있는
하나님의 아들 예수 그리스도입니다.

그분이 가져오신 것이 평안입니다. 평화입니다.
그분은 가장 귀한 분이고,
그 귀한 선물을 받는 나는
하나님이 사랑하는 가장 귀한 사람입니다.
나는 그분을 믿음으로 평안과 평화를 선물로 받습니다.

하나님은 가장 귀한 것,
하나뿐인 아들을 우리에게 주셔서
정녕 우리에게 필요한 평화와 평안을 주셨습니다.

그분이 오시는 날,
크리스마스에
그분이 주신 평안과 평화를 전달하는 것입니다.
많은 사람에게 불안과 갖가지의 내적 전쟁과 포로에 묶인 자들에게
평화를 전달하는 것입니다.

그것을 크리스마스 카드에 담고 작은 선물에 담습니다.
양말은 진정한 선물을 담는 그릇입니다.

2008년 12월 21일

크리스마스 이브

유·청소년기에는 항상 설레는 말이었습니다.
선물교환, 발표회, 올나이트, 흰 눈, 징글벨, 루돌프, 카드,
크리스마스 씰….
이런 것들이 항상 그립고, 정겹고, 기억나는 것들입니다.
크리스마스에 눈이 온다면 하는 가정도 수없이 해 보고….
이날의 진정한 주인공은 예수 그리스도이신데
그분 때문에 많은 사람이 좋아하는 것 같지요.
그분 오신 이유는
'하늘에는 영광 땅에서는 기뻐하심을 입은 사람 중의 평화'
줄여서 '하늘에는 영광, 땅에는 평화'라고 합니다.

이번 발표회도 하고, 선물교환도 하고, 징글벨도 부르고….
이브에는 그런 것들, 예수님 때문에 즐거운 것을 해 보고자 합니다.
경제침체의 여파가 구석구석 미치는 시대입니다.
웃을 일이 별로 없는 어려운 시기에 함께 웃고,
작은 시름이나마 덜어버릴 수 있는,
그런 크리스마스 이브를 같이 보내기를 권합니다.

가족 누구나 같이 지내는 두어 시간의 즐거움은 자리를 마련했습니다.
아기 예수에게 드렸던 동방박사들의 선물처럼
누구가에게 작은 선물 하나를 준비해서
그분에게 드리는 작은 선물을 준비해서 오세요.
작은 글귀 하나 담는다면 금상첨화겠지요.

크리스마스에는 노래하게요.
하나님의 사람들은 마땅히 아기 예수 오신 날,
크리스마스 이브에 교회당에 모이는 것이고요.
아닌 분들도 그분 보러 교회당에 가보는 것이고요.
그리고 같이 그분 오심을 즐거워하는 것입니다.
주변 부담 없이 모시고 오실 분들 그야말로 부담 없이 모시고 오세요.
그저 '아기 예수 오신 밤에 우리 한번 가봅시다.'라고 권하세요.
전혀 의외로 하나님이 예비하신 분들을 만날 것입니다.
그분들은 한밤중에 양치는 목자처럼 있다가
은연중 아기 예수의 탄생 소식을 들었고 경배했거든요.
혹, 먼데 사는 분 중에 아직 그분 모르시는 분 있다면
크리스마스는 적격입니다. 미리 카드도 보내시고요.
가까이 계신 분은 하룻밤의 시간을 빌리세요.
"시간 좀 내주세요."라고. 좋은 것 드리겠다고….
거절한다고요? 괜찮아요.
예수님도 방이 없다고 몇 군데서나 거절당하고 마구간에 태어나셨어요.
우리도 그 마구간에 가서 그분을 보고 노래하고 선물 드리고….

2009년 10월 18일

고생 한번 해 봅시다

성경에서의 초막절은 추수하고 난 뒤 즐거움의 절기입니다.
그러나 정작 절기를 지키는 방식은 우선은 고생입니다.
집 놔두고 들판에 초막을 치고 일주일을 삽니다.
물론 축제로 보내지만 말입니다.
사람이 일을 마치면 들어갈 집이 있다는 것,
온기가 있고 따뜻한 방이 있고 물이 풍성하다는 것,
요즈음으로 하면 마음대로 씻을 수 있다는 것.

이것을 감사하는 것입니다.
빈손으로 사는 자에게 일을 해서 그 결과를 거둘 수 있다는 것,
땅이 있고, 하늘이 있고, 가족이 있고, 이웃이 있고,
모든 것을 하나님이 주셨다는 것을 감사하며 사는 절기입니다.
부모와 자녀가 한방에서 잠자는 경우가 별로 많지 않습니다.
어쩌면 집이나 가정의 고마움을 모르고 살고요.
한 일주일쯤 그렇게 초막을 짓고, 불편한 생활을 해 본다면
지금 내가 누리는 것에 대한 절절한 감사가 있을 겁니다.
오늘날이야 우리가 농경 생활은 아니어서
무슨 추수 절기, 초막절이 필요하겠습니까?

하지만 추수를 주신, 일의 결과를 주신
하나님을 기억하는 것은 여전합니다.
내 주위에 있는 모든 것은 모두가 감사의 조건입니다.
아주 작게, 그러면서도 조금은 엉뚱한 일을 하나 하고자 합니다.
그 감사의 절기인 추수절에 흉내 한번 내려고요.
하나님의 은총으로 교회가 들판 곁에 있는지라
그 들판에 텐트 치고 하룻밤을 온 가족이 지내보는 것입니다.
불편함을 누리는 것입니다.

초막절,
편리함에 감사하기 위하여
가족과 이웃이 아주 작은 원시적 삶의 부분을 공유해 보고자 합니다.
불도 없고, 물도 부족하고, 춥고, 좁고….
그러나 하나님 믿고 살면서 누리는 낭만과 예술이 아닐는지요.

조금은 사치해 보고 싶은 절기로
가족이 텐트치고 들판에 누워보고자 합니다.

2012년 11월 11일

내년에 이사 가도 해야지요!

초막절 행사를 마치면 꼭 비가 오네요.
초막절 행사의 헌수의식(Water libation)*이 비를 가져오는 것인데
응답인가 싶습니다.

그리고 초막절 이전까지는 춥다가 꼭 1박 2일에 들어가면 포근해져요.
하나님이 도와주시는 거지요.
올해 약속하신 분들이 거의 오셨고, 그 외에도 더 많이 오셨고,
이 행사를 통해 '감사'와 '즐거움'을 같이 갖는 목표는 도달했습니다.
참석하신 분들에게 엄청난 감사를 드립니다.
특히 모든 행사를 주관하신 세 분의 장로님들에게….

금번 초막절 캠프는 소외됨 없는 참가자들의 잔치이고자 했습니다.
모든 팀 사역자가 협력하여 하나의 꽃을 피우고자 했습니다.
그야말로 지체 의식으로서 모두가 다 잘난 잔치였습니다.
저는 예배의 메시지만 하고 나머지는 각각 자기의 역할에 따라 하는….
물론, 균형이나 절차에 조금씩의 어설픔이나 어려움은 있었지만
그것들은 오히려 실보다 득이 되는 것이었고요.

입소 예배를 성대히 치르고,
텐트가 하나하나 완성되어 가고,
미션에 따라 움직이며,
야간 바베큐파티와 자유시간, 그리고 취침….
다음 날 아침 양각 나팔과 동녘을 향한 예배,
신용동 새 교회 부지 방문, 오전 예배,
그리고 아름다운 아메리칸 스타일의 아침 겸 점심식사, 기념 촬영까지~

이 초막절 행사를 내년에 신용동 가면 논밭이 없어서 못 할까요?
다른 대안을 찾을까요?
가능하지요. 주차만 아예 다른 곳에 하고, 셔틀버스로 이동하고,
교회 마당에 모두 텐트를 치는 거지요. 주차장만 마련하면 될까요?
아니면 근처에 논을 한 사천 평쯤 대여하지요.
그래 주차장 이천 평에 중앙텐트 하나에,
개인 텐트를 치면 더 좋을 것 같은데…

"내년에도 이 행사를 할까, 말까. 네 생각은 어떠니?"
중학생 아이에게 물었더니 단숨에 나온 말입니다.
"내년 이사 가도 해야지요. 우리 교회 전통이잖아요. 그리고 좋잖아요."

---

*헌수의식: 히브리어로 Nissuch Ha-Mayim으로 알려진 물 해방 의식은 초막절 축제의 가장 인기 있는 부분 중 하나였습니다. 이 의식은 매일의 희생을 따랐습니다. 오늘날에는 더 이상 시행되지 않지만 제2성전 시대와 예수 그리스도 시대에 시행되었습니다. (이사야 12:3, 신명기 14:6, 요한복음 9:6~7)

빛과 소금으로 살다

2016년 12월 18일

그분이 기뻐하실 거에요

크리스마스의 역사 기록은 서기 215년 처음 등장합니다. 그날(당시 1월 6일)에는 "우리 주님 탄생의 날"로 하고 "화해의 날"이라고 찬송했습니다. 그날에 기뻐하고, 세례를 베푼 큰 절기라고 기록됩니다.
그 뒤 354년에 로마의 코덱스 달력에 처음으로 "그리스도가 나신 날"이라 나타납니다. 공식적으로는 561년 12월 25일부터 성탄절로 지정되었습니다. 우리나라는 1896년 12월 24일 독립신문에 "내일은 그리스도의 탄일이라."라고 등장한 뒤 정부수립 후 1949년 6월 관공서의 공휴일로 성탄절을 지정하게 됩니다. 이날은 그리스도를 알지 못하는 자들에게 그리스도를 알리는 역할을 합니다.

우리 교회의 2016년 크리스마스 일정입니다.

12월 18일 주일 ~ 성탄 카드 보내기
예수 그리스도의 오심을 알리고 싶은 가까운 사람들과 사랑을 주고받았던 고마운 분들에게, 올해 일 년 지나는 동안에 미안하고 죄송했던 분들에게 카드를 보냅니다.

12월 22일 목요일 ~ 떡 돌리기
예수 오심을 전하는 떡 돌리기 행사가 목요일 14시부터 교회 근처의 상가를 중심으로 진행됩니다. 목요 전도팀을 중심으로 진행하지만 함께하신 분은 크리스마스 축복이 함께 하실 것입니다.

12월 24일 토요일 ~ 성탄절 이브

크리스마스 축하 예배가 저녁 7시에 있습니다. 6시 이전에 간단한 간식거리가(구운 가래떡, 뉴욕 햄버거 등) 제공되며 축하 예배는 각 기관과 장년 모두 발표합니다. 선물교환은 기관별로 합니다. 이후 행사는 기관별로 갖습니다. 선물은 내가 예수님께 드리는 선물이거나 아니면 내가 받고 싶은 선물입니다.

12월 25일 ~ 성탄절 주일 낮 축하 예배

성탄절 예배는 낮 11시에 전교인 통합예배로 60분 정도 진행됩니다. 예배 후에는 어린이교회는 각각의 예배당으로 돌아가고 중등 이상은 '꽃들에게 희망을'이라는 세례식을 합니다. 이날은 결혼식보다 더 중요하고 더 큰 하늘 잔치입니다.

12월 25일 ~ 성탄절 가족 크리스마스

성탄절 오후나 밤에 온 가족별로 촛불 예배를 드립니다. 예배지는 별도로 준비할 것입니다. 예배 후 인증샷을 찍어 가정사역 팀장에게 보내주시면 멋진 가족에게는 선물을 드릴 것입니다. 예배 후에 이웃에게 나누는 선물을 예수님께 드릴 선물인 양 준비해서 교회에서 드린 떡과 함께 전달하는 것입니다.

"2016년 예수님 오신 축하 잔치"에 오면 그분이 기뻐하실거에요.

2018년 4월 1일

달음질하여 알린 소식

교회 근처, 약 1만 가구에 부활달걀을 전했습니다.
달걀 두 알과 생수 한 병, 부활절 카드를 담아서….
셀별로 지정된 지역, 아파트 그리고 상가에 전달했습니다.
이 거룩한 일의 우리 성도들께서는 필요한 만큼 자원해 주셨습니다.
각 셀은 자신의 형편에 맞는 날짜와 시간에 활동하셨고
전도팀이 많은 수고를 해 주셨습니다.
말이 나왔으니 말이지,
저의 실수로 비닐 팩 1만 장에 두 번이나 스티커를 부착하는 일은
2만 번의 손길을 요구하여 집에까지 가지고 가서 해야 했습니다.

보통 어려운 일이 아닙니다.
거기의 달걀 2만 개와 생수 1만 병을 분배해 두어야 했습니다.
꼬박 3일 이상의 시간을 내어 종일 교회에서 헌신하신 것입니다.
거기에 근처 상가에는 전도팀이 직접 전달하는 일을 했고,
혹여 여기저기 살펴 빠진 부분을 보완 했습니다.

또 부활의 소식을 전하겠다고 개인별로 주문한
선물 깡통은 800개가 넘었습니다.

"그의 이름이 생명책에 기록되기를 바라는 자=샤나토바"에게 드릴
그 선물 깡통을 셀별로 분배해 두어야 하고 포장 전에
선물 깡통에 들어갈 내용물을 뚜껑을 열고 일일이 넣었습니다.
이 일도 쉬운 일은 아니었습니다.

그 수고들은 "부활 소식"을 알리는
셀 멤버들의 발걸음에 붙어 달려갔습니다 .
고난절 절기 동안 고난 묵상과 더불어 하나의 큰 축제였습니다.
소리 없는 축제였습니다.
어떤 셀은 새벽 묵상이 끝난 후, 어떤 셀은 주일 오후에,
어떤 셀은 저녁 시간에
어떤 셀들은 2~3회에 걸쳐 자신의 시간에 맞추어.
각 셀 리더와 멤버들의 헌신은
새벽에서 낮에 저녁에 밤중에 달음질했습니다.
예수님의 부활하심은 그렇게 소리 없이
'아, 부활절이구나.'라고 전달되었습니다.

그 모든 분과
부활절 새벽을 깨워
빈 무덤에 살아나신 예수님을 만나는 열정과
부활절 세례까지.
하늘 백성이 된 그들과 우리는 모두
온 세상의 꽃들에게 희망을 주는 노랑나비입니다
모두 모두 진심으로 고맙습니다.

2022년 4월 17일

부활체의 생명을 가진 나

만일 예수께서 다시 살아나시지 않았다면 내 믿음은 헛됩니다.
부활이 없다면 우리의 믿음도 거짓됩니다.

우리 믿음의 지반(地盤)입니다.
이 부활의 이해는 죽음에서 옵니다만
살아 있는 자는 누구도 죽지 않았기에 다 알 수는 없습니다.
"살아서 나를 믿는 자는 복되도다"
부활하신 예수님의 말씀입니다.

죽음 앞에서 새로 시작되는 것, 죽음 앞에서.
'내가 믿는다'는 것은 살았을 때 '믿느냐'에서 출발합니다.
예수님 앞에 지금 살아 있다면- 원수? 용서가 됩니다.
하나님 앞에 지금 살아 있다면- 질병? 담대하게 받습니다.
예수님 앞에 지금 살아 있다면- 욕심? 쉽게 이겨냅니다.
하나님 앞에 지금 살아 있다면- 실패? 딛고 일어섭니다.
그 누구에게도 핑계하지 않고, 불평하지 않고,
죽음 보다는 나은 것이기에….
"메멘토 모리(Memento mori)_네 죽음을 기억하라"

빛은 비추고, 소금은 제 역할을 합니다.
누구 앞에서? 하나님 앞에서(코람데오)!

예수님의 부활은 믿는 자들의 영원한 소망(所望)입니다.
나는 그 소망을 가졌기에 사랑이 가능합니다.
그 사랑의 실체인 예수님이 나와 함께 내가 그와 함께 하기에
그 사랑이 가능합니다.

"서로 사랑하라"
이것이 부활체의 생명을 가진 자의 삶입니다.
나는 하나님을 사랑합니다.
나는 이웃을 사랑합니다.
나는 나를 사랑합니다.
나는 사랑합니다.

나를
하나님께서
주 예수 그리스도께서
나에게 자신의 생명을 주셨습니다.

부활입니다.

초막절, 편리함에 감사하기 위하여
가족과 이웃이 아주 작은 원시적 삶의 부분을
공유해 보고자 합니다. 불도 없고, 물도 부족하고, 춥고, 좁고….
그러나 하나님 믿고 살면서 누리는 낭만과 예술이 아닐는지요.

Part 12
열혈편지

2000년 2월 13일

이곳은 쿠알라룸푸르입니다

유년기에 TV가 없던 시절, 유독 라디오에 목을 매던 시절이 있었으니
"국민 여러분 이곳은 말레이시아의 수도 쿠알라룸푸르입니다."라고
외치던 아나운서의 축구 경기였습니다.
이희택, 김정남, 김호, 정강지, 정병탁,
그리고 국민적 영웅 차범근….

그곳, 쿠알라룸푸르에 우리 교인 가족이 있습니다.
강성일, 박미란 집사(금호타이어 동남아지사), 은서, 은민.
금번 제가 방문한 곳은
싱가포르의 21세기 초두에 주목을 받는 FCBC교회입니다.
또 무슨 외유냐고 하시겠지만 꼭 필요한 방문이라고 생각합니다.
올해는 교회에서 제가 안식년을 갖는 해입니다.

그래서 이번 말고 다음 6월에는
독일의 하이델베르그와 말북대학에서 세미나가 있어
거기에도 참가하게 됩니다.
그리고 8~9월에는 국내의 각 지방별 모델교회를 찾아
리서치할 예정입니다.

가는 곳마다 장차 교회를 만들어 가는
보고(寶庫)를 발견하곤 합니다.
국내외의 좋은 것, 훌륭한 것들을 보고, 듣고,
하나님의 아름다운 창조를 보고, 느끼고
그렇게 해서 유익한 안식년을 보내는 목자를 보고 사랑하는
여러분은 자부심을 가져주십시오.

즐겁고 반가움으로 여러분을 만나겠습니다.
여행휴대품 중 빠지지 않는 것은
교인 수첩에 여러분의 얼굴을 들고 갑니다.

2001년 4월 22일

미국을 안 보내시는 이유

미국 대사관에서 제가 미국에 가서 체류해 버릴 가능성이 있는
요주의 인물이랍니다.
함께 가고자 했던 몇 사람이 인터뷰를 통해 동일한 질문에
동일한 답을 했는데도요.
순전히 미국 영사의 주관적 판단에 의한 것이지만,
나름대로 자신이 가진 객관적 자료와 판단을 했다고 하겠지요.

어찌하든지 "당신의 자료와 인터뷰를 통하여 우리 영사께서는
당신이 미국을 방문할 뚜렷한 이유가 없어서 거부한다."라는
통역사의 말로 거부를 당하였고
재심을 청구하였으나 여전히 같은 답으로 왔습니다.

곰곰이 생각했습니다.
하나님이 미국행을 막으시는 이유는 무엇일까?
그리고 아주 분명한 답을 얻고 편해졌습니다.
그 미국 영사의 답을 액면 그대로 받았습니다.
'미국을 방문할 이유가 분명하지 않다.'

아마도 저 자신이 미국의 교회를 방문하고자 함에 있어
분명한 무엇이 없었다고 봅니다.
그저 미국의 앞선 교회를 보겠다는 것이었는데….

'그것은 너는 볼 필요가 없다. 아직은 때가 아니다.'라는
하나님의 음성으로 들었습니다.
또 '거기 가지 않더라도 지금 하는 일을 열중하라.'라는
주님의 음성으로 들었습니다.

그래서 거절당하는 날부터 지금까지 평온함을 잃지 않았습니다.
조금도 억울함도 없고 아쉬움도 없습니다.

2001년 4월 29일

인도네시아를 다녀와서

옆 교회의 윤 목사님과 같이 그런 이야기를 했습니다.
어디 이웃집 가서 며칠 자고 오는 것처럼 간다고,
그렇게 아주 작은 가방에 속옷 두어 벌, 겉옷 두어 벌, 면도기 하나,
양말 세 켤레, 달랑 책 한 권, 제일 작은 성경책 한 권, 볼펜 하나….
그 외에는 없었습니다. 그냥 그렇게 김포로, 영종도로, 자카르타로,
다시 자카르타에서 전세 비행기로 '솔로'라는 작은 도시로 갔습니다.
CBI교회의 컨퍼런스에 참가한 것입니다.

대만. 필리핀. 말레이시아. 싱가포르 등….
총 3,500여 명이 참가했습니다.
아침 8시에 시작하여 오후 8시에 공식 일정이 끝나면 다시 미팅.
교회를 빠져나오는 시간이 10시에 이릅니다.
(우리나라는 거기보다 두 시간이 늦습니다.)
숙소에 오면 11시…. 씻고
(시원찮은 교회 에어컨에 평균기온이 32-3도의 날씨)
다시 옹기종기 모여서 감동을 나누면
어느새 1시(우리나라 시간 새벽 3시)에 이르고
새벽 6시 20분부터 식사 시간….

점심도 간식도 교회 안 접이식 의자에 앉아서
준비된 도시락을 불편하게 먹습니다.
어디에도 여유와 평안이 있는 곳, 시원한 외부적 여건은 없습니다.
오직 성령의 물결만이 온 교회당을 휘젓고 다닙니다.
열정적이다 못해 열광적인 강의는
한 나라말이 네다섯 나라말로 통역이 되는데도 감동은 똑같습니다.
아직 한 시간 정도를 타고 가는 인력거의 비용이 500원 정도라는데,
그 인력거가 장사진을 치고 있는가 하면
벤츠 승용차가 다니는 도시였습니다.
거기에 하나님의 감동하심은
12년된 교회가 12,000명의 성도가 되었고
그것도 2년 전에 약 2,000명의 교회가 지금은 12,000명이랍니다.

사람들이 바뀌고 도시가 바뀌어 가고
생활이 바뀌어 가는 큰일들이 이루어지고 있습니다.
70%가 이슬람교 인구인, 개종도 힘든 나라에서….
거기에 계시는 하나님을 만나고 왔습니다.
잘 다녀왔습니다.

2004년 2월 15일

아름다운 여행-부부 여행

결혼 18년이 되어 중국의 북경을 짧게 다녀왔습니다.
만리장성, 자금성, 천안문 등
중국을 상징하는 곳들을 보고 왔습니다.

아직은 중국식 사회주의가 덜 정착되었지만
급속도로 성장해 가는 나라를 들을 수 있었습니다.
들을 거리, 볼거리, 먹거리가 풍성한 나라였습니다.
그런데 여행 중 왜 저녁이 되면 피곤하고 차를 타면 잠이 오는지
그렇습니다….

여행은 나이가 한 살이라도 젊을 때 가는 것이 더 좋으리라는 것입니다.
그래야 피곤함도 덜하고 배운 바 있고 느낀 바 있다면
바로 실천할 수 있는 담력과 용기와 시간도 더 많이 있을 것 같습니다.
나이 들어 깨닫는다 해도 막상 시행하려 치면
나이 탓도 하고 용기도 예전 같지 않고
모험심은 없고 그럴 것 같습니다.
그런데 젊은 날에는 시간이 없고 돈이 없고 여유를 갖지 못하나요.
그래서 어쩌다 간 것이 나이 들어서인데

이미 그때는 많이 걷지도 못하고 지적 호기심도 떨어져 버리고….
여행은 돈과 시간의 문제가 아니라
마음먹기와 명분만 있으면 됩니다.

여행은 사람이 살아 있는 한 꾸준히 해야 할 것입니다.
물론, 사람들은 굳이 외국에 나가야 하느냐고 하지만
부부가 일 년 한차례 정도 마음먹고 여행하는 것은 좋겠습니다.

다른 나라 사람들이 사는 것과 다른 나라의 문화들을 만난다는 것은
수박 겉 보고 오기라 할지라도 여간 행복한 게 아닙니다.
부부는 이래저래 스스로 행복 창출을 위한 자구책들이 필요합니다.

만약에 여행하시려면 큰맘 먹으면 어렵습니다.
쉽게 마음먹고, 자금을 준비하고 시간을 만들어 출발하십시오
시간을 잘 다스리면 됩니다.

2004년 2월 29일

열혈편지(熱血便紙)

- 다시 싱가포르에 가면서

저는
만약에 지금 죽는다면
스스로가 부끄러울 것입니다
남은 힘과 남은 재주를,
남은 실력과 남은 재물을 남겼다는 것 때문에 말입니다

저는 남김없이 다 쓰고 기진맥진하여 죽고 싶습니다
하나님이 제게 주신 모든 것을 다 사용하고 나서
하나님 앞에 가고 싶습니다
'당신이 주신 것 모두 육신이든, 시간이든, 물질이든, 실력이든
다 사용하고 왔습니다.'라고 말하고 싶습니다.
'당신을 향한 영혼만으로 돌아왔습니다.'라고.

만약에 이렇게 지금 죽는다면 억울할 것입니다.
아직도 하고 싶은 일이 태산이고
지금 이보다 더 잘하고 가야 하는데 못한 것이 아쉬워서

한없이 눈물을 흘릴 것입니다.
안 해서가 아니라 할 수 있었는데 하지 못함이
당신에 대한 불충으로 여겨 억울할 것입니다.
(비록 조금은 잘못하더라도)
저는 지금 이것이 제 그릇이라면 이만한 다른 그릇을 만들어야 합니다.
'아니라면 제게 더 큰 그릇을 갖고자 하는 마음을 제하여 버리소서.'
'당신을 향한 끊임없는 열정을 끊어버리십시오.'

저는 아무것도 없었기에 무엇이든 이익입니다.
단지 저에게
손해 볼 것이 무엇이냐 묻는다면
더 이익을 얻어야 하는데 못 얻은 것에 대한 화가 납니다.
저는 당신에게 이것이 한없이 부끄럽습니다.
저는 당신이 제게 주신 그 모든 것을 다 쓰지 못해서 투정입니다.
이 짜증이 심연의 암반과 지층을 뚫고 솟아오르는 것입니다.
짜증을 받으시는 당신에게 또 이렇게 투정을 부립니다.

2005년 5월 29일

워싱턴에서

미국입니다 사랑하는 성도 여러분 보고 드립니다.
한마디로 대단합니다.
LA에서 4일 동안의 컨퍼런스를 마치고
미국교회 탐방 중에 있습니다.
누군가가 그랬습니다.
'10년만 빨리 왔어도 내 목회는 달라졌을 것이다.'라고.
그런데 저도 같은 생각입니다.

지금이라도 정말 잘 왔다는 감동을 보냅니다.
우리가 생각하지 못한 것, 보지도 못 한 것을 봅니다.
천신만고 끝에 접한 인터넷이라 많이 적을 수 없습니다.
아무튼 우리 교회는 좋은 교회이고
무궁한 발전의 여지가 있는 교회입니다.
여러분 감사합니다. 진심으로 감사합니다.

예배, 셀, 가정은 정말 우리 교회의 장점입니다.
이것을 더욱 극대화하는 방안을 찾고 같이 노력합시다.
미국교회의 장점 중 내용은 우리가 가지고 있습니다.

이제 더욱 박차를 가하는 일입니다.
가서 자세히 말씀드리겠습니다.
두 분 장로님, 권사님, 집사님 그리고 셀 리더 여러분.
하나님의 위대하심이 미국교회에 있음을 봅니다.
몇 번이고 생각해도 미국에 같이 한번 왔으면 하는 것입니다.
그만치 대단한 감동을 줍니다.

아침 점심은 항상 빵이고 저녁은 한식입니다.
잘 적응하고 있습니다.
우리 2008년에 새로운 비전을 가지면서
미국에 잘 왔다는 생각을 몇 번이고 한답니다.
우선이 아니라 10년을 보고
목회계획과 건축계획을 살필 수 있는 좋은 계기입니다.

여러분과 같이 드리는 예배가 그립고 여러분이 보고 싶습니다.
많이 기도해 주십시오.
고맙습니다.

- 워싱톤에서 정종돈 드림

2005년 7월 24일

말레이시아

말레이시아에는
우리가 협력하는 박철현 선교사님이 계십니다.
이번에 단기선교는 두 가지의 주제를 가지고 갑니다.
하나는 말레이시아 현지에 교회 건축을 하는 것이고.
하나는 말 그대로 약 20명의 장년, 청년, 어린이의 단기 선교입니다.

교회 건축은 작년부터 계획해 왔고
이미 몇 개월 전부터 건축이 진행되고 있습니다 .
그리고 가능하다면 매년 한 교회를 선교지에 지어
봉헌함이 어떤가 하고 고려 중입니다.
이번에는 그 첫 번째 교회의 입당 및 헌당 예배로 가는 것입니다.
헌당이란 교회를 부채 없이 완전하게 지어
하나님께 봉헌하는 것입니다.
지금은 건축 진행 중인데 여러분의 도움이 필요합니다.

이번에 가는 그곳에는 전기가 들어오지 않습니다.
발전기로 전기를 돌립니다. 밀림 지역입니다.
가끔 이메일을 보면 달리는 지프차에 엄청나게 큰 구렁이가 깔려 죽고 그 구렁이로 동네 사람들 회식했다는 이야기도 있습니다.
또 자전거나 오토바이만 한 이구아나가 차에 치여 죽은 일도 있고,
그야말로 무섭기도 하고, 신기하기도 한 일이 지천이랍니다.

덥기는 이루 말할 수 없이 더워 찜통이고
먹거리는 슈퍼마켓은 물론 간단한 야시장도 없는 곳이라고 합니다.
그들이 먹는 토속음식을 같이 먹어야 하고요.
몇 군데 이미 세워진 교회를 방문하여
아직 예수님을 믿지 않는 분들을 모아 약도 주고 머리도 해 주고,
어린이들 모아서 그림도 가르쳐주고, 풍선도 불어주고 하면서
예수님 이야기를 전해 주는 것입니다.

이제 이 일을 하러 20명의 전사가 갑니다.
참으로 고마운 분들입니다.
얼마든지 다른 여행지를 갈 수 있는데….
자비량으로 하나님의 사랑과 예수님의 사랑을 나눠주고
나눔 받고자 갑니다.
이를 위해서 격려해 주시고 기도해 주십시오.
8월 15일에 출발합니다.
5박 6일의 일정으로….

2006년 7월 23일

단기선교사

눈망울은 여전히 맑았습니다.
얼굴도 온통 햇볕에 그을렸고 손도 발도 더럽지만,
옷도 그게 체구에 맞는 건지, 틀린 건지.
그저 거치기만 했고, 신발이 있는, 아이 없는 아이였지만….
머리에는 이도 있고, 서캐(이의 알)도 서려 있고(빗질이 안 될 정도로).
낯선 이방인을 쳐다보는 눈길만은
세상에 빛나는 별 같은 눈동자라면 바로 거기에 있었습니다.
입는 것, 마시는 것, 먹는 것, 잠자는 것….
우리들의 눈에는 애잔하기만 한 그들에게도
예수님의 노래가 있었습니다.

목청껏 불러대는 〈달람라마 예수〉
'예수 이름으로 예수 이름으로 승리를 얻었네'
찬양은 가슴을 뭉클케 하고,
나름대로 온갖 정성을 다한 음식 하나에는
밥알 하나도 버리기엔 아까운 그들 나름의 온갖 정성이 있었습니다.
눈으로 보면 못 먹고, 맛을 먼저 보면 먹지 못하는….
헉헉대는 날씨에도 아랑곳하지 않는 우리네 단기선교사들은

잘 먹어주고, 잘 자주고, 가는 곳마다 땀으로 범벅을 해대는데도
낯섦도, 어색함도 없었습니다.

말레이시아의 원주민을 향한 단기 사역과
인도네시아 수마트라 두마이의
단기 사역을 무사히 마치고 돌아왔습니다.
우리는 얼마나 풍족한 나라에 사는지도 알고,
아직도 이런 생활을 하는 소수 부족이 수없이 많다는 것도 알고,
그들에게도 정말 예수의 복음이 필요함을 알고,
예수를 믿는 우리 성도라면 누구라도 한번은 다녀오는 게 좋겠다고
서로 다짐하고 그야말로 말레이시아의 박철현 선교사 표현처럼
'5일간의 단기선교사'의 임무를 마치고 돌아왔습니다.

자신들의 시간과 물질과 몸을 헌신해 주신 22명의 단기선교사와
그리고 그들을 위해 물심양면으로 도우시고 기도해 주신
후방선교사인 성도 여러분에게 진심으로 감사드립니다.
그리고 단기선교사 스스로 감사합시다.

2006년 7월 30일

단기선교 후

1885년 우리나라에 아펜젤러와 언더우드라는 선교사가 들어왔습니다.
그분들이 처음에 한 일은 학교와 병원을 세우고 문화운동을 했습니다.
지금의 이화여자대학교, 숙명여자대학교, 연세대학교, 숭실대학교 등.
광주에는 숭일고등학교, 수피아여자고등학교가 대표적입니다.
1984년까지 한국에 다녀간 선교사는 약 2천 명입니다.
그들은 당시 우리 사회의 미풍을 해치는 술, 담배, 아편을 금지했습니다.

신분 차별 철폐에 노력하고, 여성의 사회적 지위를 인정하고,
여성 교육을 했습니다.
'모든 문서는 한글로 기재한다는 정책을 편다.'는 것도 있습니다.
독립협회의 주요 인사 중 윤치호, 서재필, 이승만 님은
기독교인이었습니다.
일제 치하에서는 이상재, 남궁억, 조만식 님 등이 기독교 인사였습니다.
1932년에는 12개의 사회 신조를 발표했습니다.

거기에 보면
  - 아동의 인격 존중, 소년노동 금지
  - 여자의 교육 및 지위 개선

- 고용인과 피고용인의 협조기구설치
- 최저임금제, 고작법, 사회보험법의 제정
- 일요일 공휴일의 제정

이를 위해 갖가지 사회 개혁운동을 주도해 갔습니다.

아무도 모르는 곳, 언어도 풍습도 안 통하는 곳에서
예수 복음을 전하여 교회를 세운다는 것은 보통 힘든 일이 아닙니다.
이렇게 장황하게 늘여놓은 이유는
우리 민족의 구한말 역사와 일제 치하에서
선교사들은 민족을 깨우는 일을 했다는 것입니다.
우리나라는 선교사들에게 빚진 나라라고도 볼 수 있습니다.

금번 말레이시아와 인도네시아를 다녀오도록
물심양면으로 도와주신 여러분.
여러분은 보내는 선교사였고, 다녀오신 분은 가는 선교사였습니다.
다시 한번 진심으로 감사드립니다.

김명구, 마태, 김해윤, 이갑종, 오광열, 오동명, 마인환, 마정훈,
이상명, 김행희, 박은하, 이경연, 전정희, 홍수현, 유선영, 박충만,
박충은, 송의솔, 송영경 그리고 의사 선생님 부부(이상돈, 정순희)

2011년 3월 27일

성지순례를 떠나면서

1995년에 한 번 다녀왔습니다.
몇 년 전에 교회 간 모임인 시찰회에서 갈 기회가 있었는데,
당시 어수선한 교회 건축용지 계약 등이 있다 하여 못 갔습니다.
또 몇 년 전에 시찰회에서 성지순례 갔을 때는
가려고 적금도 내내 부었는데….
또다시 교회 건축용지 계약 등이 있어 못 갔습니다.
그땐 못 가는 정도가 아니라 '간다'고 해 놓고 못 갔기에
환불을 받지 못한다고 하여
차라리 다른 목사님 다녀오시라고 다 드렸습니다.
다시 2년 전부터 우리 교회 성도분들 성지순례 희망자들이 있어
적금 부은 분들을 중심으로 12박 13일의 여정으로 이번에 갑니다.

어떤 분은 부부 성지순례를 위해 모으고,
아끼고 해서 모은 돈으로 가신답니다.
어떤 분은 주님의 땅, 성지를 밟아보고 싶다고 새신자가 갑니다.

한번 가보신 분들이 이구동성으로 말하지요.
꼭 한번 다녀오시라고….

그런데 고생은 각오하고 가라고. 그래도 좋다고.
10년 전쯤 우리 교회 몇 분이 다녀왔지요.
그분들의 말씀도 그랬습니다.

자금과 시간이 문제가 되어 가고 싶어도
못 간 분들에게 참 죄송합니다.
넉넉한 교회 살림이 되어 시간과 마음만 준비하면
갈 수 있다면 좋겠습니다.
여러 가지가 다 준비되면 내년에도 갈 분들 가도록 해 보겠습니다.
예수님의 발자취와 모세의 발자취를 작게나마 밟아보는 것입니다.

한참 23명의 용사가 열심히 새벽을 깨워 기도하는데
떠나 죄송합니다.
먼 곳에서 새벽마다 한 분 한 분 23명의 용사의 이름을 들어
기도하겠습니다.
또 이렇게 갈 수 있도록 배려해 주셔서 감사합니다.
가서 여러 가지를 보고, 듣고, 느끼고, 담아 와서
풍성한 꼴을 준비하겠습니다.

2011년 6월 26일

필리핀 선교지 방문

우리나라에 120년 전 파란 눈의 키 큰 이상한 사람들이
제물포 앞바다에 나타났습니다.
그들이 우리나라에 처음 입국한
선교사 '아펜젤러'와 '언더우드'였습니다.
그로부터 120년이 지나
우리나라는 169개국 22,000명의 선교사를 파송했습니다.
2009년 통계로 세계 인구는 68억이고 기독교인은 22억이라 합니다.
22억 중에 가톨릭 신자가 10억 정도랍니다.
처음 예수님의 12명의 제자에 의해 시작된 기독교였습니다.

금번 우리 선교팀은 필리핀의 바기오지방에서
두 시간여 떨어진 원주민 지역으로
7박 8일의 선교지방문(단기선교)에 출발했습니다.
초등학생 1명, 고등학생 1명, 대학생 2명, 청년 2명, 장년 21명으로
구성되었습니다.
오광열 선교팀장과 차선도 장로님의 인도로
의료봉사를 주축으로 진행합니다.
마닐라 주재 한국인 의사 2명과 우리 측 1명이

의료봉사 차량으로 원주민 마을에 찾아가며
전문적 대체의학 종사자 3명이 같이 합니다.
문화행사로는 부채춤과 사물놀이 태권무 워십이 있고
이를 제거하는 미용 봉사,
가족사진을 촬영해서 현장 인화와
액자까지 제작하여 기증이 준비되어 있습니다.
이번엔 그동안 사물놀이를 문화센터에서 지도하던 선생님께서
자기 멤버들과 같이 봉사활동에 가겠다고 해서
신앙생활을 안 하시는 네 분까지 자비량으로 동행을 합니다.
고맙고, 감사할 따름입니다.

원주민 마을에 심방을 해서 복음을 전하고(현지인과 동행)
산골학교에 방문하여 공연하고, 복음을 전하고,
의료 선교활동을 합니다.
카팡안 지역과 이리산 지역에서 진행합니다.
낮엔 엄청 덥습니다. 밤엔 춥습니다.
먹는 것 열악하고, 잠자리 열악하고, 씻는 일 더 열악하고,
편한 것도 편리한 것도 없지만, 오직 평안이 그들에게 있습니다.
그 평안함을 들고 담고 모든 악조건과의 싸움터로 갑니다.
오직 한 가지, 그리스도의 사랑으로….
원주민들에게 가신 분들이 바로 그 사랑 하나만
남겨 주고자 가는 것입니다.
돌아올 때까지 주님의 영이 함께하길.

2013년 10월 20일

코너스톤 교회에서

1975년 최고의 가요는 '낙엽 지던 그 숲속에 파란 바닷가에'
이종용의 「너」였습니다.
지금 그 목사님이 사역하시는 교회에 왔습니다.
코너스톤 교회 창립 20주년 행사로
10년째 진행해 온 커넥션(연결)이라는 사역입니다.
코너스톤 교회의 모든 사역을 목사님과 교역자 평신도 사역자들이
소개하고 진솔하게 연결해 주는 것입니다.
Reflash, Recharge, Revival 이란 주제로 여러 지역
의 목회자를 초청하여 섬기는 귀한 프로그램입니다.
이번에는 중국, 캐나다, 멕시코, 뉴욕, 시카고, 텍사스, 하와이,
오하이오 등지에서 30명이 초대를 받았습니다.

숙소는 4일은 홀리데이인이고
3일은 요세미티 국립공원 안에 있는 최고의 호텔입니다.
어제와 오늘 나눔은 활기찬 평신도 사역이었습니다.
얼마나 진지하고 실제적인지
시차라는 것은 이미 사라지고 1초도 졸음이 없습니다.
성도들이 손수 준비한 최고의 음식입니다.

코너스톤 교회는 이 사역이 기도회이고 부흥회입니다.

이를 위해 전교인이 헌신합니다 .
세 달 전 준비하고, 두 달 전 기도하고,
한 달 전 헌신 자원해서 진행합니다.
모두 자원과 헌신으로 섬김을 다합니다.
코너스톤교회의 교인 수는 교회학교까지 합하여 600명입니다.

그런데 큰일을 합니다. 전체사역이 건강합니다.
자원과 헌신이 기본이 된 그야말로 이야기가 있는 교회입니다.
이동원 목사님과 하용조 목사님이 그랬답니다.
정말로 건강한 교회, 행복한 교회라고요.
하나님께서 이곳에 보내 주신 이유를
도착 첫날 이곳 안수집사님과 식탁의 교제에서부터 알게 되었습니다.

우리 교회가 복이 있고, 제가 복 있습니다.
확신과 전진 그리고 도약을 줍니다.
사랑하는 여러분 고맙습니다.
여러분 때문에 우리 교회가 있고
그 소문에 제가 인정받아 여기에 왔습니다.
Reflash, Recharge, Revival 하고 가겠습니다.

_ 2013. 10.1 9. 담임목사 정종돈 드림

2013년 10월 27일

3시간 드라마

22일(미국시간) 수요일 밤,
커넥션에 참가한 분들의 파송 예배가 있었습니다.
미국 코너스톤교회 이야기입니다
7시 30분에 시작된 예배가 10시 30분에 축도가 있었고,
다시 마무리까지 포함해 11시에 종료했습니다.
참석하신 성도들 모두 함께, 모두가 기쁨으로 그리고 감사함으로,
모두 하나 되어 껴안고, 악수하고….

이종용 목사님, 사모님, 성도들, 사역자들….
꾸밈없이, 숨김없이, 사심 없이, 남김없이,
하나라도 더 주고자 하는 손길들….
감동을 넘어 감탄스러웠고, 경이로웠습니다.
어떤 시간 하나도 허투루 사용하는 예가 없습니다.
척척 착착 준비된, 예비하신 하나님을 보게 하고,
주고, 주고, 더 주고 싶은
자비하신 아버지 하나님을 만나게 하는 사역자 한 분 한 분.
누가 시킨 것도 아닌데 사랑이 가슴에 와닿습니다.
하나님의 사랑이 어떤 것인지.

사역 이야기, 작은 간증들, 가슴 깊은 맑은 영혼들의 간증들….
여름날이라면 얼음냉수로,
겨울이라면 구수하고 뜨근뜨근한 옥수수차로,
봄이라면 겨울을 뚫고 나온 연한 초록 생명으로,
가을이라면 온 산을 물들이는 천연색 단풍으로,
겨울이라면 티 없는 눈 덮임으로,
모든 곳곳 맑은 햇살 쏟는 진주알들.
진주알을 엮어갈 초청된 목회자들도 투명해집니다.

주일 낮에는 2시간 30분간의 예배였고
주일 밤에는 3시간의 예배였지만
흐트러짐 하나 없이, 지루함 없이,
어린아이 청소년 남녀노소 모두 하나 되어
하나님의 잔치에 있었습니다.
마치 날이 저물도록 같이 있어 집으로 보내야 했던 제자들처럼.

이 초청은 '순전히 나를 위한, 나 하나만을 위한'
하나님의 부르심이었습니다.

*사랑하는 성도 여러분, 저는 하나님의 부르심이 있는 또 다른 사역지를 둘러보고 오는 1일(한국시간) 저녁 6시 40분 인천공항에 도착합니다. 보고 싶습니다. 사랑합니다.

빛과 소금으로 살다

2015년 4월 26일

휴가, 쉼, 짐

돌보지 않아도 피어오르는 이름 모른 꽃을 보면서
이 꽃이 있었나 싶기도 하고 지난 겨울을 어떻게 버텨왔지 생각합니다.
지난 겨울, 이 땅에는 아무것도 없었는데
싹도, 꽃도, 누가 보든지 안 보든지 나옵니다.
이름 모르는 것은 꽃에게 미안하지만
보면 볼수록 '내가 보고 있구나.'
그것이 좋습니다. 희열입니다.

사랑하는 성도 여러분,
제가 이번 5월 한 달 동안 긴 휴가를 갑니다.
가까운 선교지를 탐방하거나, 국내외 이곳저곳을 여행하게 됩니다.
그냥 설교나 목회 일선으로부터 조금 벗어나
피정(避靜 retreat)을 통해 자연인의 한 모습으로 있고자 합니다.
한두 달 전에 당회에 말씀드리고 시기를 살피다가
이번에 결정했습니다.

원칙적으로 저는 목회자의 안식년제도에 찬성하지는 않습니다.
왜냐하면 균형 있는 목회라고 한다면 일인 체제의 목회라 해도 영적 고갈(枯渴)이나 탈진(burnout)은 없으리라 싶어서입니다.
그래 고갈과 탈진은 목회자의 현명함과
효율적인 사역을 잘하지 못함에서 오는 결과라 생각했기에 말입니다.

그래서 당당하지를 못합니다.
탈진과 고갈을 가져온 것은 분명 제 탓이기에….
사고의 전진이 꼬리를 물지 못함과 어떤 일에 대한 실행의 두려움이
제자리걸음을 하거나 자꾸 포기를 종용하고 있는 자신이 싫습니다.
심지어 자신의 사역에 대한 한계 믿음이
출구나 비상구를 향하고 있다는 것.
그래서 '쉼'이 필요하다고
자신만이 아니라 주변에서도 그렇고.

그래서 제가 먼저 요청하여
일 년에 두 번 정도의 '쉼'을 갖고자 합니다.
사랑하는 성도 여러분의 양해를 구합니다.
반면 고병권 목사님을 비롯한 교역자들의 헌신에 짐을 지고,
네 분의 장로님을 비롯한 권사님, 안수집사님,
아울러 열정적으로 사역하시는
각 팀 사역자의 수고에 짐을 지우게 됩니다.

어디 있든지 매일 교회와 여러분을 위해서 기도할 것입니다.

2016년 1월 10일

태국 단기선교

조선시대 나주에 속해 있던 광주는 8도가 13도로 나뉜 뒤
단발령 항거가 심한 나주의 관찰부가 광주의 관찰부가 됩니다.

광주(光州)라는 연원은 고려의 목은 이색 선생의 시에 처음 나옵니다.
지금의 사직공원 자리에 있던 석서정에 광지주(光之州)라 처음 썼고요.

1900년대 들어 미국 남장로교에서 선교사들이 왔습니다.
처음 목포로 왔던 선교사들이 배를 타고 나주, 광주로 온 것입니다.
유진 벨(1868~1925 한국명 배유지)은
광주 최초의 교회와 숭일, 수피아 학교를 세웠습니다 .
광주에 와서 선교하다가 세상을 떠난 스물 두 분의 묘소가
양림동 호남신학대학 근처에 있습니다.
우리나라의 외국인 선교사 묘지는
서울 양화진과 광주 양림동에만 있습니다.
그들에게 생면부지의 땅, 당시 조선은 세계지도에도
생소한 나라였습니다.
오직 주의 복음을 전하겠다는 일념으로 와서
이곳에서 목숨을 바친 것입니다.

그리고 그 씨앗은 마침내 광주와 전남지방에 퍼졌습니다.
120년 전 가까운 일입니다.

지금 우리 교회의 단기선교팀은
태국 치앙마이에서 80킬로 떨어진 반홍이라는 곳에 있습니다.
그곳에서 지역주민을 위한 사역과 중고등학생들을 위한 사역.
그리고 태국 어린이날을 맞이하여 어린이 사역 등을 예정하고 왔으며
하나하나 김용식 선교사님과 같이 진행하고 있습니다.
작은 씨앗 하나씩을 뿌리는 것이지요.

단기선교는 내 것 주러 갔다가 더 많이 담아 오는 것이랍니다.
더운 날씨에 향 짙은 음식, 집에 비해 모든 게 불편한 건 사실이지만
그 불편함이 행복이고 기쁨입니다.

2016년 6월 19일

그곳에 갔다 왔습니다

로마~폼페이~보디올~지중해~에게해~그리스~아테네~메타오라~
고린도~빌립보~네압볼리~압비볼리~아볼로니아~데살로니가~
베뢰아~드로아~버가모~두아디라~사데~서머나~에베소~
빌라델비아~골로새~라오디게아~비시디아~
히에라볼리~갑바도기아~다소~이스탄불

이런 지역 이름들은 성경에서 읽은 것인데 그곳을 갔습니다.
사도바울이 소아시아와 유럽 전도에 갔던 곳들이기도 하고,
요한계시록에 사도 요한이 보내는 일곱 교회의 이름도 들어있습니다.
2천 년 전, 성경 유적들을 찾아서 강행군한 것입니다.
국가로 한다면 이탈리아, 그리스, 터키 세 개 국가입니다.

약 3천5백 킬로미터를 육로로 이동했고
비행기 약 28시간, 비행기 대기시간 7시간, 배 타는 시간 18시간.
5시 30분 기상, 6시 30분 식사, 7시 30분 출발~
거의 같은 아침의 연속입니다.
숙소 도착이 빠르면 저녁 7시 30분(어쩌다가),
보통 체크인하고 누우면 밤 11시입니다.
날씨는 평균 섭씨 33도 이상.

나무 그늘 하나 없는 황량한 유적지들의 연속.

먹는 것, 자는 것, 배고프지 않으면 되고 천정에 비 안 새면 됩니다.
물론 관광지이기 때문에 좋은 먹거리이지만,
우리 입맛과는 별개라 쉽지 않습니다.

그런데 희열이 있습니다. 그런데 기대가 있습니다.
그리고 탄식이 있고, 환호가 있습니다.
버스가 천국입니다. 시원한 에어컨이 빵빵하니.
그래서 버스만 타면 졸거나 잡니다.
도착하면 언제 잤나 졸았냐는 듯이 쌩쌩합니다.
모자를 쓰고 선글라스를 쓰고, 카메라나 셀카봉 등을 챙기고.
씩씩하게 뙤약볕의 탐방을 적게는 40분,
많이는 두 시간을 걷고 걷습니다.
그런데도 힘이 납니다~

'여기가…', '그러니까…', '아 그렇군요…'
다들 귀에 수신기 이어폰을 꽂고, 눈에 쌍심지를 켜고,
발에 오토바이 엔진을 장착합니다.
사전에 냅다 합숙 공부(?)를 몇 주에 한 탓인지
다들 이해도가 빠릅니다.
신앙을 배웁니다. 한량없는 낮아짐을 배웁니다.
입술 꼭 다문 다짐들을 합니다.

진심으로 감사합니다. 기도해 주시고 사랑해 주셔서~

2017년 1월 8일

우간다 단기선교

우리나라는 정오인데, 우간다는 06시입니다.
땅덩어리는 남북한보다 조금 큰 면적입니다 .
아프리카인이 99%(흑인종)로 약 3천5백만 명이 사는 나라이고,
70년 정도 영국이 지배했고, 1962년에 독립한 나라입니다.
한때 독재자 '이디 아민'이 30만 명을 희생시킨 적도 있고,
지금도 유엔이 정한 세계 50대 가난한 국가 중 하나입니다.

동아프리카 대지구대 중앙에 있고,
나라 안에는 4,500미터가 넘는 산들이 즐비합니다.
유명한 빅토리아호수는 고도 1,100미터가 넘는 곳에 있지요.
(참고로 무등산 높이 정도) 국토의 1/4이 호수입니다.

위치는 콩고의 동쪽, 케냐의 서쪽, 수단의 남쪽,
탄자니아 북쪽에 있고 적도입니다.
수도는 캄팔라입니다. 공항은 엔테베작전으로 유명한 엔테베입니다.
얼마 전 소천하신 코미디언 구봉서 장로님이 세운 학교는
명문 학교가 되었고 가수 서수남 장로가 협력하는 병원도 있습니다.

우간다의 북쪽 지방 그루라는 곳에는 우리 교회 오지영 자매가
한국국제협력단(Korea International Cooperation Agency: KOICA)의
일원으로 봉사하고 있습니다. 국제 교육 개발 협력 사업의 멤버이죠.
우간다의 학교 교사들을 교육하는 사역을 하고 있습니다.

오지영 자매의 연계로 하여 금번 우간다로 단기선교를 가게 됩니다.
서무일 선교사의 사역지를 중심으로
학교 사역, 의료 사역, 구호 사역을 할 예정합니다 .
처음엔 탐방 정도였는데
준비 과정에서 점차 단기선교로 전환이 되었습니다.

다음 주 화요일 저녁(17일)에 출발합니다.
마침 설날이 끼어 있어 글루 지역에 거주하시는
전체 선교사님 가족(10여 분)을 모두 모시고
설 떡국과 한국 나물을 대접하는 일정도 잡혀 있습니다.

선교는 둘 중 하나입니다.
'가든지, 보내든지'입니다.
이제 20명은 보름 동안 가는 것이고
여러분은 보내시는 분입니다.
가서 잘하고 돌아오라고 기도해 주십시오.
돌아오는 날짜는 31일(화) 정오쯤 인천공항에 도착합니다.

2017년 2월 5일

우간다에서 만난 하늘 백성 1

1월 18일 오후 2시 엔테베공항 도착,
짐 찾고, 배고파 치킨 조각으로 잠시 땜질하고 중고 버스(20년된 25인승)에 선교 물품 대형 가방 18개, 개인 여행용 가방 18개와 등에 짊어지는 개인 가방 십여 개를 싣습니다.

좁은 차 안에 몸을 구겨서 싣고 3시 20분에 출발하여 덜컹덜컹 비포장길을 8시간 30분 동안 자정쯤 숙소에 도착했습니다. 오는 도중에 차량 문제가 발생하였으나 명용현, 안홍수 두 프로의 도움으로 해결하면서까지…. 선교 출발은 전날 오후 4시부터 이동만 꼬박 32시간 걸린 것입니다. 호텔도 우리 생각 속에 있는 호텔이 아닙니다. 선교 가방을 품목별로 신속하게 정리해도 족히 한 시간쯤 걸렸습니다. 찐 달걀과 감자로 허기를 달래고 잠자리에 드니 새벽 1시가 훌쩍 넘었습니다. 여기까지만 해도 단기선교 다 한 것 같을 정도로 파김치가 된 것입니다.

다음 날 아침, 언제 지난밤이 있었냐는 듯이 식당에서 만난 얼굴들은 밝고 환했습니다. 도착 할 때 들었던 '이곳은 되는 것도 없습니다. 또 안 되는 것도 없습니다.'라는 오지영 가이드의 말이 현실로 다가왔습니다. 식사 후 짐 챙겨 에이즈 선교센터로 이동하려는데 버스가 오지 않습니다. 어젯밤

고장 난 것 손봐서 온다고 기다립니다. 날은 더워지고 정전이 계속되어 수리를 못 하고 있다는 말도 두 시간이 지나서 합니다.

기다림에 지쳐갑니다. 차는 5분 지적에 있었는데 11시에야 왔습니다.
'아, 아프리카인가' 하면서 비포장 덜컹 길, 오렌지 색깔 흙먼지 길(황톳길)을 갑니다. 엄청난 흙먼지, 길가 구멍가게에서 휘발유를 사고 길거리에서 고구마를 샀습니다. 맛만 보자고 사서 한 개씩 아프리카 고구마를 먹었습니다. 에이즈 센터(정하희 선교사) 직원도 오래 기다린 탓에 인사만 간단히 나누고 선교지로 부리나케 갔습니다.

점심 급식부터 하기로 했는데 정오가 훌쩍 넘은 것입니다. 3시에야 선교지역(까르마종)에 도착해서 의료사역부터 시작했습니다. 세상에 그때까지, 우리 일행이 도착할 때까지 기다린 것입니다. 무려 대여섯 시간을…. 이들은 하루 한 끼 먹는다고 합니다. 버스 2시간 기다리다 지쳐 역정을 냈던 우리들이 부끄러웠습니다.

사역 마감은 오후 6시. 겨우 3시간밖에 못 했습니다. 다시 에이즈 센터에 돌아오니 밤 9시경. 그때야 밥을 합니다. '아, 만약에 흙먼지 길에서 맛만 보자던 고구마를 안 먹었더라면…'.

2017년 2월 12일

우간다에서 만난 하늘 백성 2

첫날 아침 7시 30분 밥 먹은 뒤에 저녁 9시에야 밥을 해서 먹습니다. 어제부터 수도공급이 안 되어 받아놓은 물로 화장실, 세면, 샤워, 밥, 설거지를 다 해결해야 합니다. 다음 날 아침에 단수 관계로 각자 컵라면 한 개로 아침 식사 알아서 하고 '아무리아'마을 에이즈 환자인 두 아이(부모에게서 태생부터 전염됨)에게 갑니다.

3년 전부터 결연이 되어 후원했는데, 아이를 만날 생각은 꿈에도 한 적이 없는데 마침 우간다선교에 간다고 하니 돕는 선교사를 수소문하여 찾아가게 된 것입니다. 선교사님 말씀도 후원자가 직접 찾아온 경우는 처음이라고 합니다. '무사'라는 남자아이와 '이레네'라고 하는 여자아이를 만났습니다. 무사는 건강하게 잘 자라고 있고 성적도 보통이 아니라고 합니다. 장래 꿈이 자신을 돕는 분처럼 의사라고 하는데 아이를 보는 것만으로 눈물이 났습니다.

그들이 사는 마을은 우리네 1,900년 이전이라 해도 괜찮을 마을입니다. 마을 환경이며, 입는 옷이며, 방이자 집 달랑 하나에 화장실은 어쩌다 하나 정도.
오전 사역 후 1시에 출발하여 차 안에서 주먹밥 먹고 오후 7시에 '글루'에

도착합니다. 오지영 자매가 봉사하고 있는 우간다에서는 네 번째 정도 되는 도시라는데 우리나라 장성읍이나 담양읍이 될까 합니다. 저녁 식사 후 호텔에서 한 시간여의 나눔 시간이 풍성합니다. 말로만 호텔이지 방은 두 사람 운신하기도 좁고, 씻는 물은 쫄쫄, 에어컨 없이 선풍기 켜고, 모기장 안에서 그렇게 주사역지인 글루의 첫날밤이 시작됩니다.

남수단 국경 근처의 '아주마니'지역의 난민촌 사역을 갔습니다. 남수단(울지마 톤즈의 배경이 된 국가)의 내전으로 인해 난민들이 우간다로 피신해 온 것입니다. 수단은 남북 내전으로 250만 명이 죽고 500만 명이 실향민이 됩니다. 남수단이 독립은 했지만 다시 부족 간의 내전으로 인해 50만 명의 피난민이 발생합니다. 그중에 20만 명이 우간다로 왔고, 유엔에서 그들이 살아갈 최소의 것을 줍니다. 천막 칠 거적과 기둥 몇 개를 주고 옥수수 가루를 배급합니다.

그곳에 피난 온 난민들(우리가 만난 사람들은 난민 6개월 이내에 해당하는 지역)과 주일예배를 드리는데 '난민이 맞나?' 할 정도의 찬양을 드립니다. 예배를 드리는 내내 흑인 아이를 안고 난민 예배자들을 둘러보니 모두 진지합니다.

하나님께서 이 예배를 받으시고 이들을 보시고 나를 보시는데…

2019년 2월 3일

아프리카에서 떡국을

설날에 가족들이, 친족들이 다들 모이는데
하필이면 그때 해외를 나갑니다. 요즈음엔 그렇습니다.
연휴가 장기 여행에 적당하기 때문입니다.
그런데 금번 우간다 선교팀도 그렇습니다.
아프리카의 우간다까지는 단번에 날아가지 못합니다.
인천에서 두바이까지 10시간 넘게 비행합니다.
두바이에서 4시간 30분 대기하여 비행기 갈아타고
다시 5시간 30분을 비행합니다.

도착하면 엔테베공항에서 글루 선교지까지 8시간 도로를 달립니다.
여기엔 우리 교회가 적극 협력하여
작년에 짓기 시작한 비젼스쿨이 있습니다.
그곳에서 120명의 초롱초롱한 유치원 1, 2학년 아이들이 공부합니다.
비젼스쿨에 올해 3학년이 생기고, 내년엔 4학년이 생길 것입니다.
서무일 선교사님 사역 중 학교 사역을 하시는 곳입니다.

전기는 아직 없고, 펌프 샘을 길러 근동 10리 사람들이 먹는 곳입니다.
아이들은 신발이 있거나 없고 일 년에 목욕 한번 할까 합니다.

아이들 교과서며 학교 다닐 돈도 없습니다.
이들은 하루 한 끼 먹습니다.
우리나라도 1960년대 초등학교는 돈이 있어야 했습니다.
그 아이들을 위한 전반적인 사역을 합니다.
기온은 섭씨 30도에서 40도에 이르는 더위와 건조한 기간입니다.

그곳 글루 지역에 우리 한국 선교사님 네다섯 분이 활동하고 있습니다.
이 설날에 그분들을 우리 선교팀이 초청하여 떡국을 대접합니다.
일 년에 한 번 볼까 말까 하는 나물도 준비해 갑니다.
그리고 귀한 고춧가루와 김을 선물로 드립니다.

오가는 비행기 요금은 왕복 약 140만 원입니다.
체류비는 일일 5만 원 정도 잡습니다.
성도 여러분의 정성어린 헌금으로
그들의 학업을 최대한 돕고 갈 것입니다.
우간다 선교팀의 일부는 우리 교회에서 한 10년 동역하는
양형필 선교사님 사역지를 갑니다.
우간다에서 돌아오는 길, 두바이까지 같이 나왔다가 일부는 귀국하고
남아공팀은 다시 10시간 비행기를 타고 케이프타운에 갑니다.
아프리카 오지의 장거리 선교여행입니다.
기도해 주십시오. 감사합니다.

단기선교는 내 것 주러 갔다가 더 많이 담아 오는 것이랍니다.
더운 날씨에 향 짙은 음식, 집에 비해 모든 게
불편한 건 사실이지만 그 불편함이 행복이고 기쁨입니다.

Part 13
드리는 예배

2020년 3월 15일

시민사회에서의 교회

500년 전, 마틴 루터는 '치명적인 전염병에서 도피해야 하는가?'란 편지에서 '소명을 받은 자는 전염병에 다가가라.', '목회자는 죽음을 두려워 말고 병든 자를 위로하며 성례를 집행해야 한다.', '시장과 법관, 의사와 경찰은 자리를 지켜 도시 질서를 유지해야 한다.', '일반 시민도 예외는 아니다. 부모라면 흔들림 없이 자녀를 돌볼 소명이 있다.'

그 무렵 페스트(흑사병)로 유럽 인구의 7천5백에서만 2억 명이 죽었다고 하니 가히 종말론적 상황이었겠지요. 거기에서 분명한 길을 제시한 것입니다.

지난 3월 13일, 세계보건기구(WHO)는 전염병 경보 단계 중 최고 위험 등급인 6단계인 '감염병 세계 유행' 팬데믹을 선언했습니다. 전 세계 110개국 이상에 퍼졌습니다. 이러한 때에 어떻게 하는 것이 좋을까요?

그나마 가장 공적으로 정의롭게 공동체의 안전을 추구하는 곳은 정부 행정당국입니다. 당국에 절대 협조하는 것은 시민사회의 필수적 요건입니다. 교회도 성도도 그리스도인이자, 시민사회의 일원이기 때문이지요.

그래서 지금 행정당국의 권면인 '당분간 교회의 예배 금지'는 교회의 핍박은 아닙니다. 교회는 사회와 교회 모두의 거룩성을 보존하는 곳입니다. 어쩌면 교회가 자발적으로 공동체 예배의 절제와 다른 방법을 모색해야 하는 것이지요.

전염병의 확산을 막는 가장 일차적인 조치는 격리입니다. 환자의 격리만이 아니라 대 확산의 모체가 될 수 있는 집회나 집단에 대한 조치이고요. 그 또한 최소한 전염병으로부터의 사회를 보호하기 위한 집단적 격리입니다. 하나님 믿는다고 전염병이 안 걸린다고요? 아닙니다.

교회와 성도는 모두 사회구성원으로 미칠 영향력은 빛이요, 소금의 영향력입니다. 예배당에서 드리는 예배만이 진정한 예배라고 하는 이기적, 배타적 사고는 온당치 않습니다. 작은 감염이 전이를 통해 사회를 마비시키는 책임을 고스란히 감당해야 합니다. 감염의 슈퍼전파자가 될 소지가 다분한 곳이 예배당입니다. 그래서 발단의 진원지가 교회가 되면 안 됩니다.

> "누구든지 국가의 권세 잡은 사람들에게 복종하십시오.
> 하나님께서 세우시지 않은 권세란 없습니다. 세상에 있는 권세는
> 다 하나님에게서 나왔습니다. 통치자는 여러분에게 유익을 주기 위해
> 일하는 하나님의 일꾼입니다. 권세에 복종하십시오. 단지 벌 받을
> 것이 두려워서가 아니라 양심 때문에 복종해야 합니다."
> (롬 13:1~5, 쉬운 성경)

2020년 5월 17일

앞으로 소중하고 소중할

그동안 우리 교회는 코로나 팬데믹에서 선방했다 생각합니다. 교회에까지 미친 어쩔 수 없는 변화의 바람 앞에…. 장차 교회 사역의 급격한 변화가 오고 있음을 선 체험하게 된 것입니다. 우리는 의연하게 대처했고, 추후의 변화까지 예비할 힘을 얻었습니다. 앞으로도 교회는 창의적이고, 도전적으로 미래를 만나야 합니다.

조심스럽게 내다봅니다.
교회의 건물이 어떤 역할을 할 것인가를 말입니다. 주일만의 공간이 아닌, 주중 공간으로의 활용은 확실히 주어진 과제입니다.

유튜브 라이브 스트리밍을 이용해 예배를 생중계했는데 가정에서 '보는 예배'를 '드리는 예배'로의 전진도 하나의 숙제가 되었습니다. 그리고 예배당 예배가 진행됨에도 동시 중계의 예배는 필요할 것인지를 숙고합니다. 장단점을 면밀히 하되 '구더기 무서워 장 못 담그는 일'은 없어야 할 것입니다.

또 목회자들도 긴장하여 준비함이 성도들에게 훨씬 더 유익하게 합니다만 현장 예배의 절대 유익 됨을 누리고 드리는 곳이어야 함이 염려됩니다. '교회에 오세요.'라고 하는 것이 아닌 '교회를 갑니다.'로. 권유가 아닌 '목적이 되는 교회'와 예배와 집회를 말하는 것이지요.
결국 예배당이라는 건물이 여타의 좋은 목적을 위한 참 좋은 수단이 되는 것입니다.

하지만 사회에서 교회를 바라보는 시각은 냉대합니다.
그 냉대함을 온대함으로 전환하는 것이 교회의 가장 큰 과제가 됩니다. 이는 모든 공교회가 대처해야 할 것이지만, 개교회의 지역적 특성에 부합해 주는 교회여야 할 것 같습니다. 환영받지는 못할지언정 냉소와 냉대를 받지 않도록 변화하는 것.

금번 중계 예배에 성도들 90% 정도는 참여했다고 봅니다.
그런데 긴장한 것은 우리 예배를 조회한 숫자가 우리 교회 성도보다 갑절이나 많고 새벽 묵상도 금요기도 예배도 평상시의 두세 배가 조회됨은 무엇일까를 고려합니다. 우리 성도들이 두세 번 조회했다고 할 수 있고 누군가 관심을 갖고 있구나하면서 그들에게 우리 교회가 유익이 될까도 생각해 봅니다. '보이지 않는 익명의 성도들에게 어떻게 접근하며 어떻게 그들에게 봉사할 수 있을까?'

코로나 팬데믹은 여전하지만, 앞으로의 교회를 준비해야 하는 과제와 하나님께서 이런 위기를 주신 이유를 찾아 대응해야 할 것 같습니다.

2021년 4월 25일

공간(空間), 시간(時間) 그리고 인간(人間)

인간은 반드시 시간 안에, 공간 안에 있습니다.
시간과 공간을 떠나면 인간은 죽습니다.
시간에는 두 가지 개념이 있지요. 카이로스와 크로노스.
크로노스는 절대적인 시간으로
나와 전혀 관계없이(한없이 관계하면서) 흘러갑니다.
초, 분, 시간, 월, 년. 이렇게 흘러가는 것을 누구도 통제할 수 없지요.
이 시간은 처음과 끝이 있어 모든 것을 끝내 죽게 하지요.

그러나 카이로스는 상대적인 시간입니다.
충분히 의식적이고 주관적입니다.
예를 들어 1분이 누구에게는 생명의 경각이고
누구에게는 그냥 흘러갑니다.
카이로스는 기회이고 의미입니다.
마음먹기에 따라 얼마든지 늘이고 줄일 수도 있지요.

또 공간은 인간이 멈추어 있는 장소입니다.
교회 공간은 눈에 보이지 않는 하나님을 만나는 신비의 공간이고요.
공간구성을 어떻게 하느냐는 것은

추구하는 가치의 실현과 무관하지 않습니다.

금번 코로나 팬데믹은 시공간의 이동을 가져오고
공동체라는 틀을 깨버렸습니다.
공동체의 예배 시간과 공간이 다른 시간과 다른 공간 속에 있습니다.
그러나 인간 대 인간이 마주 보고, 웃고, 먹고, 떠드는 것의 소중함과
인간과 인간이 한 공간에서의
찬양과 기도, 묵상, 응집력의 시너지는 없습니다.

그런데 일주일에 한번 뿐인 시간과 공간이 지역이 섬이라면?
그런데 하나의 공간이지만 다용도의 시간과 공간이라면?
교회가 갖는 고유한 성격인 영성의 체험과 공동체의 경험을 경험하고
사회와 지역과 함께 공유하는 나눔 공간이 강화되어야지 않을까요?

그리고 교회라는 공간에서 만나는 카이로스 안에 인간들의 시간.
시간이 커지고, 공간이 커지면서 인간 또한 커지겠지요.
아름다움은 인간과 인간이 시간과 공간의 공유에서
누리는 공간입니다.
하나님이 창조하신 세계는 공간과 시간과 인간의 조화입니다.
거기에서 인간은 창조주의 '좋았더라.'를 봅니다.

2021년 7월 4일

Proud! BSC

지난 6개월을 이모저모로 살펴봅니다.
이유는 하나님께 다시 감사드리기 위해서입니다.

다수 집회가 불가능하고 함께 식사할 수 없고
이 사회를 마스크 사회와 발열 체크 사회 백신 사회라 하겠네요.
마스크는 병균, 먼지 따위를 막기 위하여 코·입을 가리는 물건입니다.
그동안은 황사나 겨울철 독감 방지를 위해서 마스크를 쓴 적이 있지요.
그런데 바이러스로 인한 마스크가 일상처럼 된 세월이 16개월째입니다.
교회의 각 사역은 코로나 상황에서 온전치 못했습니다.
그런데도 할 방안들을 찾아서 했습니다.

① 증인 Witness - [굿뉴스] 우리 존재 목적은 증인 되는 것이다
　　스무 개의 좋은 이야기.

② 예배 사역 - 온라인예배(줌, 유튜브) : 어린이에서 어른까지
　　[하찾사] 들을 귀 있는 자:
　　말씀은 눈으로 듣고 귀를 통해 마음에 담고 입으로 말하는 것,
　　[고난주간] 6일간의 저녁 집회, 위대한 예수.

③ 가정사역 -[해피홈] 우리 집에 있는 교회
　　가족교회 목자(아내) 학교, 가족 연합예배, 신혼부부학교

④ 소그룹 사역
　　어려운 중에 헌신을 다해 준 리더들에게 폴더인사를 드립니다.

⑤ 선교사역 - [금요초대석] 선교사들과 토킹. 방문선교사 미팅

⑥ 다음세대사역 - [스텝 업] 정돈

⑦ 핵심 성경 읽기 - [바이블라이프] 책자로 만나는 핵심 성경
　　50일간 읽기 듣기

지난 6개월 동안 어려운 코로나 상황에서도 함께 동행해 준 우리 빛과 소금교회 성도들이 자랑스럽습니다.

2021년 12월 26일

2021년도 감사합니다! 성도 여러분

다시 1년이 갑니다. 1년을 돌아봅니다.
코로나 팬데믹으로 인하여 예배는 들쑥날쑥했습니다.
코로나 검사, 코로나 확진, 코로나 격리 등….
나도 피해를 보면 안 되지만,
누군가에게 피해를 줘서는 안 되는 것 때문에,
코로나에 양성반응이라면 나로 인한 파급력이 크기에
움츠리고 살아야 했습니다.
그 와중에 우리들의 신앙 또한 들쑥날쑥할 수밖에 없었습니다.

그럼에도 한량없이 감사하고 감사한 것은
우리 성도들은 큰 요동 없이
굳건하게 신앙을 유지하고 있다는 것입니다.
물론 현장 예배를 드리지 못함으로
교회로부터 이격하는 일도 없지 않지만
대다수가 건재하였습니다.
주일 온라인 예배자들과 주일예배 참석자 등 합산을 해 보면
코로나 전과 같거나 오히려 나아졌습니다.

반면 코로나 시기임에도 불구하고 새로 등록하신 분이 많았습니다.

성도 수는 코로나 이전보다 증가했다 해도 그리 틀리진 않습니다.
아울러 온라인 새벽기도나 온라인 금요기도회 등은
온라인 없이 현장뿐이었던 지난날에 비추어
이래저래 참여 인원은 작게는 두 배, 많이는 세 배나 많았습니다.

코로나 팬데믹이었지만 성도들 스스로가 자구책을 찾았던 것입니다.
그리고 더욱 놀라운 일은 소그룹 셀입니다.
올해 일 년 동안 셀 미팅을 한주도 거르지 않은 셀이 대다수입니다.
또 셀 모임의 출석도 코로나 이전보다 더 잘해 주었다는 것입니다.

작년에는 조금 뒤뚱거렸지만,
올해는 미동 없이 현장 또는 줌으로 진행한 것입니다.
여기에 셀 멤버들이 셀 미팅을 의지를 갖고 열심히 참여해 주셨고,
셀 멤버들의 신앙을 위한 셀 리더들의 헌신이 있었습니다.
진심으로 고맙습니다.

'이 코로나 시국에 무슨 소모임이냐!' 하겠지만
그런데도 소그룹의 생명력은 튼튼하게 유지되었습니다.
물론 소그룹에 관계하지 않는 분들도 계십니다.
소그룹 셀 미팅을 전혀 도외시한 분들도 있고요.
소그룹=셀은 성도들의 영적 생명선이고 생명 양식이 있는 곳입니다.

지난 2021년은 나의 신앙은 전진? 정체? 후퇴? 어느 쪽인가요?
우리 교회는 전진이라고 조심스럽게 말해 봅니다.
사랑하는 성도 여러분, 2021년 고맙습니다.

아름다움은 인간과 인간이
시간과 공간의 공유에서
누리는 공간입니다.
하나님이 창조하신 세계는
공간과 시간과 인간의 조화입니다.

Part 14
여러분, 고맙습니다

1999년 12월 26일

여러분, 고맙습니다

목회자로서 1년을 무사히 넘어온 것은 두 가지 덕입니다.
하나는 주님의 은혜이고, 하나는 성도 여러분입니다.
IMF의 파도 속에 98년을 살얼음 걷듯이 넘었지만
여전히 여파 가운데 한 해를 마감합니다.
어떤 목표를 이루고 나면
기쁨과 회한이 같이 오는 것처럼 지금이 그렇습니다.
하늘을 보니 노랗고, 온몸에 힘이 소진된 것 같은
그런 허탈감이 있긴 하지만
'아, 그래도 올해도 이렇게 넘어가는구나.'하며 안도의 한숨을 쉽니다.

저는 올해에 여러분에게 열심이지 못했습니다.
이것이 그렇게 가슴을 저며 옵니다.
참으로 여러분에게 죄송합니다.
혹시 저에게 걸음 다가오고 싶어도 굳게 다문 입술이나
맥없는 눈빛 때문에 돌아서신 분들에겐 정말로 죄송합니다.
그리고 고심하여 몇 마디 주셨는데도
대수롭지 않게 여겨버렸을 때 받은
상심한 마음이 있다면 용서해 주십시오.

손 한번 더 잡아주기를 바랐는데도
그냥 지나치는 바람에 서운하신 분들도 이해해 주십시오.

1999년. 외형적으로 발전을 가져온 것 같지 않으시다면
이 또한 제 탓입니다.
교회가 예전처럼 정이 들지 않는 것도
제 탓입니다.

작게 약속합니다.
2000년에는 훨씬 달라진
여러분이 원하는 목회자로 거듭나겠습니다.

2003년 12월 28일

2003년 안녕

원수는 물에 새기고 은혜는 바위에 새기는 날이 오늘인가 봅니다.

얼마나 많은 과거를 가지고 계시나요?
과거가 아름다운 사람이 현재를 넉넉하게 살지 않을까 싶습니다.
그렇다고 과거가 다 좋은 것만은 아니지요.

남자들, 그러니까 군대 갔다 온 남자들은
군대에 대한 과거의 기억이 무지하게 많거든요.
얻어맞은 일, 기압 받은 일, 얼토당토않게 당했던 일 등
말 그대로 아니꼽고, 더럽고, 메스껍고, 치사하고….
그런 일들이 대추나무 연 걸리듯 걸려 있습니다.

그런데 그 기억이 다 소중합니다.
그것이 하나도 악으로 남지 않거든요.
그것이 원한으로도 남지 않거든요.
무슨 외상장부처럼 오래오래 두고
언젠가 빚 받아내려는 것으로 갖고 있지 않거든요.
그 모질고 힘든 말도 안 된 것들이 모두 곱게 곱게 승화되어 있거든요.

그 이야기들은 그냥 즐겁고 신명 나는 일이 된 것입니다.

우리는 일 년이라는 날짜의 정산을 하게 되면서
그 모든 것을 그렇게 승화하는 날로 갑시다.
자꾸 잊지 못할 그 일, 나쁜 것,
자신의 감정을 상처 낸 것은 흘러가는 시간을 강물이라 합시다.

모두 흘려보내고 좋은 것, 감사한 것, 기쁜 것 이것들을 씁시다.
절대로 지워지지 않을 기름종이에 꼭꼭 눌러씁시다.
그리고 흘러간 강물도 혹시 돌아온다면
그것도 즐겁고 신명나는 것으로 만들어 놓읍시다.

결국 과거가 아름답다는 것은 승화할 줄 알고,
오늘에 대처할 줄 아는 아름다움을 말할 것입니다.
시간은 흘러갑니다.
흘러갈 시간의 강물에 저만치 가야 할 것들은
앞으로 기억조차 없어지거나
더 아름다움으로 꽃피우는 과거를 만드는 연말이 됩시다.

2011년 12월 11일

그때 그때의 아름다움을 모른다

제목은 박운현의 시 제목에서 따왔습니다.
12월이 되고 보니
'어허라, 벌써 2011년이 다 가고 2012년이 오는구나!' 하면서
왠지 그 쓸쓸함이 오고, 허탈감도 같이 옵니다.
젊은이들에게는 내일이 오직 희망으로 오고
달려 나갈 운동장으로 보였으면 좋겠습니다.
30을 넘긴 사람들은 아직 그 나이에 대한 실감이 오지 않지만
긴장의 끈을 가지고 살면 좋겠습니다.

그런데 40이 넘어서기를
그리고 각 나이를 한정 짓는 50, 60, 70을 넘어서기를
많이들 싫어합니다.
그 이전과 그 이후가 10년을 뭉텅이 취급을 받는 것이 더더욱 그렇지요.
40대니, 50대니, 60대니 하면서 말입니다.
엊그제 기획재정부가 2040년대의 평균나이를 90으로 보았습니다.
'오래 사는 것'이 희망이 아니라 '오래 살 수 있는 내용'이
희망이 되어가는 때입니다.
주어지는 나이, 단 한번의 게으름 없이,
단 한번의 지각도 결석도 없이

결코 빠르게 가지 않고,
정확하게 제시간으로 [째깍째깍] 1초씩 가는 시간입니다.
한꺼번에 2초도 가본 적이 없는, 1초씩만 가는 시간인데
나만 하루를, 한 주를, 한 달을, 일 년을,
훌쩍훌쩍 징검징검 건너온 것 같습니다.

박운현의 시 「그때 그때의 아름다움을 모른다」에는
  '~~쉰이 되니 / 그때가 그리 아름다운 나이였다!
   예순이 되면 쉰이 그러리라 / 일흔이 되면 예순이 그러리라
   / 죽음 앞에서 / 모든 그때가 절정이다
   모든 나이가 아름답다 / 다만 그때 그때의 아름다움을 모를 뿐이다'

그렇습니다. 그때 그때가 아름답다.
모르고 살았지만 이제부터 오늘이, 지금을 아름답게 살아야 합니다.
지금의 내 모습이, 지금의 내 입술이, 지금의 내 마음이
얼마나 아름다운지….
쓸모없는 일에, 가치 없는 일에, 목적 없는 일에,
모습도, 입술도, 마음도, 행동도 빼앗긴다면
그야말로 아름다움을 놓치는 게 아닐까요.
자신의 하루를 자랑스럽게 여겨봅시다.

하루를 보내는 밤이 되면 '안녕, 잘 가. 오늘 고마웠어. 내일 봐.' 하면서.
내일 나에게 오는 시간을 기다려 손잡고 같이 째깍째깍 산다면
'모든 그때가 절정이다.'라는 시인의 말처럼
아름다운 나잇살이 될 것입니다.

2014년 12월 28일

52주의 마지막 주일

최인철 서울대 교수의 2015년 'Present'라는 수첩에
행복학자의 다섯 가지 질문이라는 내용이 있습니다. (갤럽의 질문)

1. 당신은 사람들에게 존중받고 있습니까?
2. 당신은 신뢰할 수 있는 가족이나 친구가 있습니까?
3. 당신은 새로운 것을 배우고 있습니까?
4. 당신은 잘하는 일을, 최선을 다해서 하고 있습니까?
5. 당신은 당신의 시간을 자유롭게 사용할 수 있습니까?

이렇게 묻습니다.
존중과 신뢰와 성장과 성취와 자유라는 가치를 물어보는 것입니다.
이 다섯 가지 핵심 욕구에 대한 주기적인 질문으로
자신의 삶을 점검해 가는 것이지요.
이상의 질문 앞에 아주 부끄럽습니다.

이제 일 년의 52주 중 마지막 주일 아침입니다.
내일, 모레, 글피가 지나면 2015년이라는 새해가 됩니다.
일 년을 돌아보면서

"나는 많은 사람에게 실망을 주었는가? 희망을 주었는가?"
"나는 자신에게 스스로 실망했는가? 희망을 품는가?"

나를 보시는 하나님은
"웃으실까? 표정 없이 가만히 보실까? 눈을 치켜뜨고 보실까?"
너무 한심하여 "눈감고 계실까?"
이런저런 생각이 교차합니다.

지난 12달의 달력의 기록을 요리조리 살펴보면서
'이건 하루살이야…'
'뭐야, 내게 이런 일이 있었던가…'
오래된 미래들이 과거에 있다는 말을 실감 합니다.

2015년이 기다리고 있습니다.
많은 선물을 안고 나를 기다립니다.
달라는 자들에게 원하는 자들에게 줄 것이라고…

2015년 새해에는 하나님의 은총 가득한 여러분 되시기를 기원합니다.
그동안 여러 모양으로 온 헌신해 주시고
사랑해 주신 여러분 진심으로 감사드립니다.

2015년 12월 27일

고맙다 2015년, 한 해 동안 잘 살았다

어때요? 올해는 잠을 좀 충분히 주무셨나요?
어때요? 올해는 돈에 시달리지는 않았나요?
어때요? 아웅다웅 살다 보니 벌써가 돼버렸나요?
작년에 비해 웃음이 좀 늘어나셨나요?
예년에 비하여 마음 씀씀이는 좀 넉넉해지셨나요?
시간은 어때요? 시간에 묶여, 일에 묶여 사셨나요?
예, 모두 잘 사셨습니다.
물론 기억하기 싫은 일도, 힘들고 괴로운 일도 있었지만
지금 돌아보면서 인사할까요?
2015년아, 고맙다~ 잘 살았다~

해당된 문장에 동그라미를 해보실까요?
_ 올해 나는 나쁜 사람들의 꼬임에 따라가지 않았다.
_ 올해 나는 하나님을 조롱하는 자들과 어울리지 않았다.
_ 올해 나는 죄인들이 가는 길에 함께 서지 않았다.
_ 올해 나는 하나님의 말씀을 즐거워하고 그 가르침을 깊이 생각했다.
_ 올해 나는 빈정대는 사람들과 함께 자리에 앉지 않았다.
_ 올해 나는 마음이 가난하였다.

_ 올해 나는 슬픈 일이 많았다.
_ 올해 나는 마음이 온유했다.
_ 올해 나는 의를 위해 굶주렸고 목이 말랐다.
_ 올해 나는 남을 불쌍히 여기며 살았다.
_ 올해 나는 마음이 깨끗한 사람이었다.
_ 올해 나는 화평을 이루는 사람이었다.
_ 올해 나는 예수님 때문에 사람들이 욕을 먹거나 악담할 때가 있었다.

위에 기록된 내용들은 시편 1편과 마태복음 5장에서 말하는
'복된 사람'입니다.

이제 나는 2016년을 이렇게 살 것입니다.
계절을 따라 열매를 맺고
그 잎새가 시들지 않는 나무와 같을 것입니다.
내가 하는 일마다 다 잘될 것입니다.

2019년 12월 1일

앞으로 31일~~~

정확하게 오늘부터 31일이 남았습니다. 2019년이~
주일로는 1, 8, 15, 22, 29일 이렇게 5주가 남았고요.
사람이 날수를 계산할 줄 안다는 것이
온 세상을 변화시킨 가장 큰 힘이라고 합니다.
365일이라고 하면 많은 날 같은데 1년은 금방입니다.
누구 말처럼 큰돈 헐어놓았더니 금세 푼돈 되고,
푼돈 다 어데 가고 없더라고~
날짜가 그렇습니다. 하지만 죽은 자와 하루살이는 내일이 없습니다.
내일을 기약할 수 없지요. 나는 지금 산 자입니다.

엊그제 우연히 식당에서 밥 먹다가 벽에 텔레비전을 보았습니다.
영화는 지뢰를 밟은 고립된 병사의 이야기로 마지막 몇 분이었습니다.
발바닥을 움직이는 순간 생명은 없습니다.
그렇게 몇 날 밤을 사막에서 보냅니다.
구조될 가능성이 있다고 하더라도 발을 떼서 움직일 수 없습니다.
살아왔던 지난 모든 과거에 들어가 자신을 봅니다.

자, 지금부터 내 생애 마지막 한 달이리라고 생각하면 어떻게 살까요?
죽음으로부터 D-31일이라면 오늘을 어떻게 살지….
지난날들을 어떻게 정리해야 할지….

고립된 병사에게 들려오는 메시지는
'앞으로 나아가야 해.'라는 말입니다. 그것이 환청 같은 메시지입니다.
사막의 한낮 갈증, 고립, 극한의 밤 추위 속에서
발을 떼지 못하는 극도의 공포.
심지어 7%의 확률이라고 환영(幻影) 속에서 듣습니다.
다리가 잘릴지, 생명이 끊어질지 모르는데 '앞으로 나아가야 해'
홀로 몇 날 몇 밤의 최악 상황 속에서
그동안 살았던 지난 인생과 '결자해지'를 합니다.
그 후 무념무상의 지경이 되었을 때 발을 떼어 '앞으로 나아갑니다'

31일간의 생존기를 써 볼까요?
하루하루의 일기를 적어보고 내 삶의 반경 안에 수많은 사람,
미워하고 사랑하고 얽힌 실타래의 소중한 사람들을
하나하나 정리해 갑니다.
12월의 마지막 날 그저 '앞으로 나아가야 해.'
그 말 한마디로 내딛는 발이 되는 것이지요.
거기에는 삶과 죽음이 없습니다.

지뢰는 다름 아닌 깡통이었습니다. 빈 캔에 장난감 병정이 있었습니다.
어쩜 우린 깡통 같은 것에 사로잡혀 옴짝달싹 못 하고 살지 모릅니다.
빈 깡통이 주는 죽음이 나를 두려움으로 몰고 가서
아무것도 안 하고 살았는지 모릅니다.
우리는 깡통 안에 갇힌 병사처럼 살기도 합니다.
그 병사를 꺼내어 목에 매고 나서는 주인공처럼
하나의 매듭을 짓고(돌아보고 내다보는)
2020년을 나서는 내가 되었으면 합니다.

그동안 여러 모양으로 온 헌신해 주시고
사랑해 주신 여러분 진심으로 감사드립니다.

나에게 빛과 소금교회란?

박화숙

빛과 소금교회는 나의 평생교육원이며 우리 가족이 하나 되게 하는
가족교회를 세워주신 잊을 수 없는 교회이자 목사님이시다.
쉴 틈을 주지 않고, 교육이 끝나면 다른 교육이 기다리고 있어서
때로는 투덜이가 되기도 했다.
그러나 등 떠밀려서라도 교육을 받고 나면 끝은 언제나 '참 잘했다'로 끝난다.
내가 힘들어할 때 교육을 담당하시는 목사님은
얼마나 많은 시간을 고심하고 밤잠을 설치셨을까 생각하니
마음 한편에 짠함이 밀려오기도 했었다.
빛과 소금교회는 내 교회, 우리 교회이다.
오늘도 지혜로운 성도가 되기 위해 빛과 소금 평생교육을 받아야겠다.
목사님의 완전한 회복을 위해 기도하며….

조영수

날마다 말씀으로 신자가 됨을 인도하셨고,
교회에서나 가정에서나 일터에서도

하나님의 백성으로 살아가는 삶이 예배가 되고
내 행실로 하나님께 영광을 올려 드림을 깨닫게 됩니다.
우리 교회, 내 교회를 사랑합니다.

박원미

어느 날 셀모임에서 여행을 가려고 걷는 길에 셀장님 한마디.
"집사님 왜 그리 바쁘세요? 뭐 급한 일 있는가요? 여유롭게 걸어요."
그 한마디는 나의 머리에 지금도 강하게 다가온다.
지금까지 내 삶이 그랬나 보다.
빛과 소금교회가 아니었다면, 그곳에서 셀장님 아니셨다면,
지금 여유와 평안에 발걸음을 걷지 못하고,
인식하지 못한 채 바삐 걷고 있지 않았을까 생각이 든다.
비아토르 통해 내 삶에 다시 한번 게스트와
여유를 평안을 누리는 계기가 될 거 같다.

임정수

평소에는 삶 속에서 하나님을 만나지만
빛과 소금교회는 하나님이 사랑하는 하나님의 자녀를 만나는 곳이다.

박미란

결혼 후 해외에서 산 6년의 세월을 제외한 젊음과
나이 듦의 긴 시간의 바퀴를 타고 달려온 신앙 열차입니다.
큰아이 태어나 유아세례를 받았고,
둘째도 입교하여 빛과 소금교회의 가족이 되었더랬지요.
이제 그 두 아이가 각자의 자기 삶의 또 다른 나래를 펴 떠나갑니다.
내 인생의 중년을 모두 보낸 빛과 소금교회.
그 시간만큼 마음의 깊이가 가득한 바로 그곳입니다.

장종님

인생의 스승이고, 많은 추억을 만들었고,
인격적인 하나님을 만나고, 믿음의 가정과 지금의 나 된 나로
어느 곳에서든지 당당하게 내가 만난 하나님의 사랑을 전하고,
삶으로 살아갈 수 있도록 가르쳐주신 은혜가 생생한 곳입니다~~

이은경

하나님께서 20살에 빛과 소금교회를 만나게 하셔서
믿음도, 삶도 함께 성장하게 하셨습니다.
함께 기뻐했고, 함께 울었고, 함께 행복했고, 성숙하게 되었습니다.
나의 친정 같은 우리 교회, 빛과 소금교회를 사랑합니다.

최혜영

부모님 때문에 광주에 와서
어느 교회를 다녀야 하나 찾던 중 만난 빛과 소금교회.
우리 교회를 다니며 영혼이 회복되어 다시 살아남을 느끼고,
빛과 소금교회를 만남으로 하나님께서 허락하신 단짝을 만나
최초 주일날 결혼식까지 하게 해주셔서
나에게 빛과 소금교회는 새로운 삶을 살게 한 교회입니다.

조영미

풍랑 이는 밤바다의 고단한 항해에서 파도를 맞으며 의연히 서서
환한 불빛 밝히는 등대이며 지친 배가 돌아와 쉬는 항구입니다.

방세진

기쁨이며 행복입니다. 말씀으로 마음을 채워주었으며
어디에 가서도 당당한 그리스도인임을 자랑하도록 힘을 주는 곳입니다.

백경인

세상 속의 벗들과 다름을 인정하고,
새로운 삶에 여정이 시작되는, 제2의 인생 시작이며,
여유와 평안을 누리는 세상 속의 빛과 소금이다 ~^^

오영석

42세. 빛과 소금교회를, 아니 교회를 처음 나온 저의 나이입니다.
하나님을 알지 못하는 저에게 빛과 소금교회와 목사님은
삶의 방향을 새로이 제시해 주셨습니다.
50세. 현재 제 나이입니다.
빛과 소금교회는 저에게 천국에 갈 때까지
하나님을 의지하고 나아갈 수 있는 등불 같은 존재였으면 합니다.
존경하는 목사님, 힘내시고 사랑합니다

신효정

주일을 기대하고 기다리는 예배를 함께 드리는 교회이다.
내가 가장 멋진 예배자가 되기를 알려주신 목사님의 인도하심으로
나는 주일을 기대하며 6일을 지내고 있다.
예배를 회복시키시고 예배를 통하여 하나님께 나아가는 나를
매일 상기시켜 주는 교회가 있음에 감사한다.
힘들 때마다 셀 안에서 함께 나누고, 기도하는 시간이 너무 좋고,
감사하고, 위로를 덧입는다.
가족교회를 통해서 우리 세 식구가 함께 예배드리던 귀한 시간을 묵상해 보고
다시 시작하려고 기도한다.
빛과 소금교회를 통하여 회복으로 인도하신 나의 주,
나의 하나님을 찬양합니다. 샬롬 ~~

최미선

교회학교 선생님이 생각난다.
공부는 어렵고 주일엔 가기 싫지만 억지로 교회를 가야 했던 고교 시절,
장의자 제일 뒷줄에 앉아 삐딱한 시선으로 지켜보던 사춘기 여고생과
성경을 역사 공부처럼, 지도를 펼치며 열심히 가르치신 고등부 선생님.
하얀 티셔츠에 하얀 범생이 얼굴의 대학생.
선생님은 신나게 가르치셨다. 뭐가 저렇게 재미있을까.
열정적인 선생님의 모습이 신기해서 쳐다보고 있었던 기억이~~
결혼 후 남편이 다녔던 교회에 다니면서
여름성경학교 강습회에 오신 강사 목사님의 열정적인 강의에
큰 도전과 자극을 받았다. 아~ 대단하다.
그러다 하남 쪽으로 약국과 집을 이사 하면서
어린아이들과 본교회 다니기에 너무 힘들어 가까운 빛과 소금교회 가보았다.
거기에 열정적인 그 강사 목사님.
하얀 셔츠의 열강하신 고교 시절 선생님이 계셨다,
매주 설교는 크리스천으로 어떻게 살아야 하는가 하는
물음과 도전을 주는, 살아있는 말씀이었다.
매일 매일 '예수님이라면 어떻게 살까'라는 물음으로
예수님처럼 살아가려고 애쓰고, 고민하고, 묵상하며
진정한 크리스천의 삶의 본을 먼저 보이려고 애쓰는 목사님!!!
그 모습을 보고 따라가면서 살았고 앞으로도 살아가는
선생님과 제자의 관계인 것 같다.

하기 싫지만 해야 하는 숙제처럼~ 쌤!! 쫌~ 대충 편하게 살면 안 될까요?
이젠 같이 늙어가는 데~

양희정

나에게 빛과 소금교회는 2090!!!
20대의 나의 첫사랑이요. 달고 오묘한 말씀으로 이끌어준 인도자요.
90대까지 같은 마음을 품고 같은 방향으로 걸어가는 동반자입니다.

오광열, 박은하

1996년 35세 나이로 광주에 이사와 빛과 소금교회에 등록하고
어언 28년이 되었습니다.
목사님의 가르침대로 가정에서, 일상에서 실천하는 삶을
살려고 노력해 왔습니다.
매일 아침 아이들을 안수하며 축복기도로 등교시키고,
매주 가정 교회를 통해 나눔을 하고, 남편과 아내를 세워주고,
세월이 흘러 두 자녀를 출가시키고,
매주 성경 공부를 통해 신앙의 깊이를 더 해왔습니다.
저와 저희 가정이 여유와 평안을 누리는 비결을 가르쳐 주시고,
하나님의 사랑으로 섬기고, 선교하는
성숙한 신앙인의 방향을 열어주신 목사님이 계셔서 행복합니다.

이금숙

목사님과의 성경 공부를 통해
부족하고 어리석은 자를 깨닫게 하시고 성장시켜 주신 곳.
빛과 소금교회 목사님과의 소중한 만남을 통해
지금도 보는 것만으로도 은혜 주심에 감사드립니다.
목사님 건강하세요~~

고재건

말씀을 통해 새 힘을 얻고, 셀을 통해 사랑을 받고,
기도의 응답을 얻었고 복음의 은혜를 확인한 곳.
나에게 삶의 위로가 있는 곳입니다.

임영숙

하나님의 계획된 삶의 여행보다는
내 생각을 앞세워 즐기지 못했던 지금까지의 여행을
이제는 언제 끝날지 모르는 여행길
어떻게 즐기며 잘 마무리해야 하는지 알려주는 내비게이션.

김해석, 노은아

나와 빛과 소금교회는 의리입니다. 이곳에서 부부로 하나 되는 서약(1999. 3. 1.)을 했고,
두 아이가 하나님 자녀 됨의 세례와 부모님 천국 가는 길에
끝까지 함께해 주신 성도님들의 사랑이 있는 곳입니다.
믿음은 늘 연약하지만 나와 우리 가정을 지금까지 흔들림 없이 지켜주신
하나님 사랑의 힘으로 빛과 소금의 이 자리를 잘 지켜가고자 합니다.

김안나

오빠를 통해 빛과 소금교회로 인도함을 받아
훌륭하신 목사님 말씀을 통해 변화 받았습니다.
매일 성경을 매일 읽으므로 하나님을 알아가면서 하나님을 인격적으로 만났습니다.
지금은 천국 소망을 바라보며 행복한 신앙인으로 살게 해주신
말씀이 살아있는 교회를 만나게 해주신 하나님의 은혜에 감사드립니다.
목사님, 사모님 늘 건강하시고 사랑합니다.

김성희

빛과 소금교회는 하나님이 누구신지, 나를 얼마나 많이 사랑하시는지 알게 해 준
고마운 곳. 타지로 떠나 있을 동안 항상 그리워하던 그런 곳.
20년을 돌아돌아 도착한 그곳. 내 인생에 마지막 여유와 평안을 주는 곳.
이제야 돌아 온 고향 같은 곳.